Christine Leutkart
Weiter leben!

Christine Leutkart

Weiter leben!

Neuorientierung nach dem Tod des Partners

Erfahrungsberichte

Tyrolia-Verlag · Innsbruck-Wien

*„Die Töne des Atems sangen die Lieder,
die Abschied oder Hoffnung bereiteten."*

Lukas Bärfuss

Für Waldtraut

Mein Dank gilt allen GesprächspartnerInnen,
die sich mir gegenüber öffneten, um über dieses Buch
ihre Erfahrungen, Erkenntnisse und ihr Wissen
an möglichst viele andere Menschen weiterzugeben.

INHALT

Einleitung 10

Für eine Sekunde ist die Welt in Ordnung 13

Putzen, kochen, nach dem Kind schauen, weiterleben 25

Mit Mut und Kraft das Leben neu ordnen 31

Im Flugzeug saß er neben mir 41

Ich lasse alles zu – auch den Krebs und den Tod 51

Können wir bitte *normal* miteinander umgehen? 63

Ein anonymer Brief 69

Wofür will ich heute meine Zeit ausgeben? 77

Durchhalten! 93

Ich unterhalte mich mit meinem Leben 101

Der letzte Liebesdienst 115

Es wird sich weisen 123

Ich drehe mich um 180 Grad 133

Keine Berührungen mehr 145

Sich am Schopf packen und etwas unternehmen 155

Anhang 163

EINLEITUNG

Wir können dem Tod vielleicht nicht seinen Schrecken nehmen, aber wir sind ihm nicht hilflos ausgeliefert!

Im vorliegenden Buch erhalten wir einen sehr persönlichen und offenen Einblick in eine besonders schwierige Zeit des Lebens von elf Frauen und vier Männern. Die Betroffenen erzählen davon, wie schwer es ist, mit dem Tod ihres geliebten Partners oder ihrer geliebten Partnerin zurechtzukommen, und wie sie es schaffen, das Leben ohne ihn (oder sie) neu zu gestalten.

Der Tod kann plötzlich, noch öfter aber nach einer längeren Krankheit eintreten. Es muss der Abschied bewältigt werden, und vielleicht sind Kinder da, die in dieser schweren Zeit eine einfühlsame Begleitung brauchen. Wenn nach allen Erledigungen für Beerdigung, Trauerfeier und Abklären der finanziellen Situation Ruhe einkehrt, ist diese oft noch stiller als befürchtet. Jetzt setzt der Alltag wieder ein, aber mit der Trauer sind viele dann allein.

Wie schafft man es fortan, das Leben ohne den geliebten Menschen zu gestalten? Er ist nicht mehr da, wenn man nach Hause kommt, die Stelle neben einem im Bett ist leer, und es gibt vieles, was keinen richtigen Spaß mehr macht: Das Essen schmeckt einfach nicht mehr so gut, wenn man allein am Tisch sitzt, und ohne Partner tanzen zu gehen scheint beinahe unmöglich. „Meine zentrale Erkenntnis ist: Ich habe kein Gegenüber mehr“, stellt eine der betroffenen Frauen fest.

Nimmt die Trauer jemals ab – und was kommt dann? „Ich will jetzt herausfinden, wer ich eigentlich bin!“, nimmt sich eine andere vor.

Manche machen die überraschende Erfahrung, dass zwar das Leben mit dem Partner vorbei ist, aber das neue eine Wendung nimmt, mit der man nicht gerechnet hat.

Viele stellen fest, dass die Weise, wie man vor dem Tod des Partners gelebt hat, entscheidend dazu beiträgt, wie das Leben danach gelingt. „Ohne meinen Freundeskreis, den ich schon vor dem Tod meines Mannes hatte, wäre ich in ein noch größeres Loch gefallen", ist die Erkenntnis einer Frau, die ihr soziales Umfeld nun noch mehr zu schätzen weiß.

Hier werden zarte und berührende Geschichten erzählt, die uns betroffen machen, aber auch Mut und Hoffnung geben. Wir erfahren, was den Menschen dabei geholfen hat, ihr Gefühlschaos zu überstehen und weiterzumachen.

Dieses Buch kann als Hilfestellung für Betroffene verstanden werden und zugleich als Vorbereitung für jene, die vielleicht in naher Zukunft betroffen sein werden. Die vorliegende Vielfalt an persönlichen Berichten berührt gleichermaßen Herz und Verstand.

Wie auch immer, beim Lesen verstehen wir: So schlimm die Erfahrung des Verlustes auch ist, es gibt Möglichkeiten und Strategien, die dabei helfen können, mit dieser neuen Lebenssituation zurechtzukommen.

Nicht zuletzt soll das Buch ein Appell an alle sein: Es ist schwer genug, sich nun in einem Leben ohne den verstorbenen Partner zurechtzufinden. Wir sollten die betroffene Person dabei nicht allein lassen!

FÜR EINE SEKUNDE IST DIE WELT IN ORDNUNG

Frau S., 56 Jahre alt, drei Kinder, verlor ihren Mann vor sieben Jahren bei einem Motorradunfall. Eine psychosomatische Reha stärkte ihr Selbstwertgefühl und half ihr, die veränderte Situation anzunehmen. Frau S. lebt heute wieder in einer Partnerschaft.

Wenn man einen runden Geburtstag hat, zieht man gern ein Resümee. Ich war 14 Jahre, als ich meinen Mann kennenlernte, wir lebten am gleichen Ort. Wir haben drei tolle erwachsene Kinder, ein Haus; wir haben immer viel gearbeitet und schließlich auch etwas erreicht. Urlaub, wegfahren, wir hatten unser Hobby, das Motorradfahren ... alles bestens. An diesem 50. Geburtstag hatte ich ein richtiges Glücksgefühl. Ich hatte viele Leute eingeladen, Freunde, Bekannte, Verwandte. Ich habe meinem Mann und den Kindern gesagt, dass ich alles im Leben erreicht hatte, was man sich nur wünschen kann, und wie glücklich ich sei. Alle freuten sich mit mir, und besonders Gerd, mein Mann.

Und zwei Wochen später war alles anders. Die ganze Welt brach zusammen.

Wir sind viele Jahre nach Südtirol gefahren und waren wieder dort, Gerd und Franz waren mit den Motorrädern einen Tag früher losgefahren. Gerd war ein sicherer Fahrer, er hat Touren geleitet – nie hätte ich gedacht, dass da mal irgendetwas passieren könnte. Das Motorradfahren war unsere Leidenschaft. Auf der Heimfahrt fuhr Gerd wieder mit Franz voraus, während wir anderen erst zu Mittag abreisen wollten. Um circa 14 Uhr kam ich mit meiner Freundin vom Markt zurück, um endlich zu packen, da sah ich im Hotelfoyer zwei, drei Männer in roten Westen und ein paar Polizeibeamte stehen. Ich kam nicht auf die Idee, sie könnten etwas mit mir zu tun haben und wollte an ihnen vorbeilaufen. Da sah ich eine Frau aus unserer Clique, die zu einem Mann sagte, der, wie es sich dann herausstellte, Seelsorger war: „Das ist die Frau S." Der Mann kam auf mich zu und sprach mich an: „Frau S., Ihr Mann hatte mit dem Motorrad einen Unfall." „Was hat er denn?", fragte ich besorgt. An das Schlimmste habe ich da noch nicht gedacht. Gemeinsam gingen wir in mein Zimmer und ich setzte mich auf das Bett. Der Seelsorger nahm meine Hände und sah mich an: „Ihr Mann ist tödlich verunglückt", erklärte er mir. „Er lebt nicht mehr." Ich kann mich nicht mehr genau erinnern, was dann war, aber vermutlich habe ich geschrien und bin fast kollabiert, sodass ich Beruhigungstropfen verabreicht bekam. „Ich will zu meinen Kindern!", weinte ich, „jetzt, sofort!" Unser Freund Franz war mit in den Unfall verwickelt, er hatte alles mitansehen müssen und war auch verletzt. Gerd fuhr vor ihm, beim Aufprall auf ein Auto wurde mein Mann zurückgeschleudert und fiel auf Franz, sodass dieser stürzte, aber dabei nur leichte Verletzungen erlitt.

Es hieß dann, ich sollte gewisse Schritte erledigen, bei denen ich begleitet werden würde. Als Erstes musste ich zu einem Bestatter, um einen Sarg für meinen Mann auszusuchen. Ein befreundetes Paar aus unserer Clique war auch mit dabei, zu ihm sagte ich: „Ich kann das nicht, bitte sucht ihr den Sarg aus." Ich habe ihn dann aber doch selbst ausgewählt. Eine Seelsorgerin begleitete mich überallhin, selbst wenn ich zur Toilette ging. Der nächste Schritt war, ins Krankenhaus zu gehen, um Gerd zu identifizieren. Die Polizei war dabei; ich habe am ganzen Körper gezittert. Mein Gefühl kann ich gar nicht beschreiben. Gerd lag aufgebahrt, bedeckt mit einem weißen Tuch, das zurückgeschlagen wurde. Ich bin zu ihm hingegangen und habe ihn angefasst, er war ganz kalt. Er sah aus, als ob er schlafen würde. Man hat ihm den Unfall gar nicht angesehen, nur an der Lippe und am Auge waren kleine Schrammen. Vermutlich hatte er beim Überholen den Gegenverkehr übersehen, das war kurz vor den Serpentinen. Als Motorradfahrer denkt man ziemlich mutig: „Das reicht noch!" Er ist frontal auf das Auto geprallt und hatte ein Schädel-Hirn-Trauma. Er wurde 20 Minuten reanimiert, ohne Erfolg. Dem Autofahrer war glücklicherweise nichts passiert. Wir haben dann noch bei ihm an der Bahre gebetet.

Draußen wartete der Bestatter auf uns. Er sagte: „Ich brauche noch Unterwäsche und Kleidung für Ihren Mann." Wir öffneten auf der Straße das Gepäck; es waren ja nur gebrauchte Sachen dabei, und ich hätte lieber eine frische Hose und ein frisches Hemd für ihn gehabt … So bin ich nun mal gestrickt. Das war schon kurios. Die Polizei hat mir auf der Wache ausgehändigt, was Gerd noch am Körper hatte. Es musste ihn jemand bestohlen haben, denn er hatte extra siebzig Euro eingesteckt, aber im Geldbeutel waren nur noch Münzen drin. Die beiden Männer waren ja eben erst losgefahren und hatten noch keine Gelegenheit gehabt, Geld auszugeben. Wie kann jemand nur so etwas fertigbringen? Die letzten Worte, die Franz noch mit ihm ausgetauscht hatte, waren an einer Ampel, als sie nebeneinanderstanden: „Und, alles gut?“ „Ja, doch, alles in Ordnung!“ Auf der Rückfahrt konnten wir Franz vom Krankenhaus abholen, ihm ging es soweit gut.

Irgendwann fielen mir meine Kinder wieder ein. Sie hatten inzwischen ein paarmal versucht, mich auf dem Handy anzurufen. Nachts um eins sind wir heimgekommen, ohne Gerd. „Was tue ich den Kindern nur an?“, dachte ich. Die beiden älteren kamen von ihren jeweiligen Wohnorten angereist, eine Stunde später waren wir alle zusammen. Die Freunde verabschiedeten sich, wir waren allein. Alle drei Kinder und ich haben uns im Elternschlafzimmer ins Bett gelegt. Wir hielten uns an den Händen und schliefen dann irgendwann ein.

Noch Wochen und Monate danach, wenn ich morgens aufwachte, dann war die Welt für eine Sekunde in Ordnung – und dann überrollt es dich wie ein Laster.

Es kamen viele Leute vorbei, Freunde, Verwandte, alle wollten uns sehen und in den Arm nehmen. Die ersten drei Tage war das Haus ständig voll, was eigentlich gut war, aber dann wiederum fast zu viel. Ich wusste zuvor gar nicht, wie anstrengend das Weinen ist, manchmal musste ich mich danach hinlegen. Beim Schlafen muss man an nichts mehr denken. Aber dann nach dem Aufwachen geht dasselbe von vorne los.

Gerd wurde überführt. Zwei Tage vor der Beerdigung wollten meine Kinder und ich von ihm Abschied nehmen. Das war sehr emotional. Meine Jüngste hat ein kleines Bärchen mitgenommen, das sie ihm mal zum Vatertag geschenkt hatte; die andere Tochter hatte ein Familienbild von uns dabei, und so standen wir vor dem Sarg. Gerd hatte immer Jeans und ein kariertes Hemd an, das trug er auch im Sarg. Florian streichelte ihm über die Brust und stellte dann fest: „Der

Papa hat gar kein Tempo im Hemd!" Dann zog er ein Taschentuch raus und steckte es seinem Papa in die Hemdtasche. Das war das, was Gerd noch gefehlt hat, denn er hatte immer eins dabei. Wir legten unsere Hände auf seinen Körper, alle aufeinander; ich hatte dann plötzlich das starke Gefühl: Der Körper war warm. Die Kinder haben noch Jahre später davon gesprochen, wie wichtig es für sie war, auf diese Art Abschied von ihrem Vater zu nehmen.

Geholfen hat mir in dieser Zeit, dass die Kinder da waren. Von meiner Tochter bekam ich ein Buch mit dem Titel: „Die Hütte. Ein Wochenende mit Gott." Das war der Anfang einer wirklichen Hilfe, denn man macht sich ja auch Gedanken darüber, wie es dem Verstorbenen nun geht. Wo ist er? Eine Bekannte hatte Kontakt zu einem Medium, das ich dann auch besucht habe. Die Frau sagte mir, dass Gerd während des Unfalls ganz leicht in die andere Welt hinübergleiten durfte. Ohne Schmerz. Er sei von einem Mann abgeholt worden, anhand der Beschreibung kann ich mir vorstellen, dass das mein Vater war. Gerd und er hatten immer ein gutes Verhältnis. Sie sagte auch, dass Gerd ein guter Mensch war, und für solche Leute ist es leicht, hinüberzuwechseln. Die Vorstellung war für mich beruhigend. Ich war aber auch in psychologischer Betreuung, um das Ganze zu verarbeiten. Mein Chef rief mich nach fünf Wochen an, um zu fragen, ob ich wieder zur Arbeit kommen möchte. Ich habe dann probiert, ein paar Stunden zu arbeiten, aber nach zwei Wochen bin ich zusammengeklappt. Ich konnte nachts nicht schlafen, es ging mir zu viel durch den Kopf: Versicherungen, wir hatten nebenher ein Geschäft, es gab so viel zu regeln … Ich hatte zwar Unterstützung, aber ich wollte ja auch selbst den Überblick behalten. Da ich sehr verantwortungsbewusst bin, war ich ständig unter Druck: „O Gott, ich kann doch nicht bei der Arbeit fehlen!" Da sagte mein Psychologe in einer Sitzung: „Die Firma bricht nicht zusammen, wenn Sie nicht da sind. Und wer Ihre Arbeit macht, dafür ist der Personalchef zuständig." Der Satz half mir, loszulassen und mein Schicksal in den Vordergrund zu stellen.

Mein Mann und ich, wir waren wie zwei Säulen, von denen plötzlich eine weggebrochen ist. Ich kam mir vor wie ein Niemand. In der ersten Zeit nach seinem Tod habe ich überall nur Paare gesehen, die sich anlächelten und Hand in Hand liefen. Das hat sehr geschmerzt.

Viele aus dem Freundeskreis haben mich besucht und gingen auch mit mir aus. Aber nach acht Wochen blieb ein Paar komplett weg, obwohl die beiden damals in Südtirol mit dabei gewesen waren. Das beschäftigte mich wahnsinnig, denn ich verstand es nicht und fragte mich: „Was habe ich denen bloß getan?" Eines Tages ließ ich spontan den Staubsauger fallen und stieg ins Auto, fuhr zu ihnen hin und klingelte an der Haustür. Die Frau zitterte, als sie öffnete und mich erkannte. Der Mann kam auch hinzu. „Warum meldet ihr euch nicht mehr?", fragte ich die beiden. „Weißt du, wenn du immer so weinst, ertrage ich das einfach nicht; das erinnert mich an den Tod meines Vaters", sagte sie. „Wieso hast du mir das denn nie gesagt?", fragte ich. „Darüber kann man doch reden!" Während sie etwas zum Trinken holte, schob er es auf seine Frau: „Ich habe immer zu ihr gesagt, dass wir dich mal anrufen sollten." Leider war ich nicht so geistesgegenwärtig, um zu antworten: „Aber den Hörer konntest du nicht selbst in die Hand nehmen?!" Wir sind noch zweimal zusammen ausgegangen, aber ich wollte dann nicht mehr.

Meine allerbeste Freundin versicherte mir: „Du kannst immer zu mir kommen!" Das ist ja lieb gemeint, aber sie hat Kinder, zwei Enkel, ist verheiratet – alles perfekt. Wenn es mir schlecht ging, dann schaffte ich es nicht, in ihre heile Welt zu gehen. Ich heulte, und bei ihr war alles so idyllisch! Einmal habe ich es probiert, aber mich dabei nicht wohl gefühlt. Mir wäre es lieber gewesen, sie wäre auf *mich* zugekommen. Aber sie hat mich nie angerufen. Das war eine Enttäuschung! Dafür standen manchmal Leute vor der Tür, mit denen ich nie gerechnet hätte. Eine ehemalige Schulkameradin zum Beispiel, die ich bestimmt fünfzehn, zwanzig Jahre nicht mehr gesehen hatte. Sie war einfach ihrem Bedürfnis gefolgt, mich aufzusuchen. Das fand ich richtig schön. Mein Fazit aus dieser Zeit ist: Du als Betroffener musst Verständnis für dein Umfeld aufbringen! Eigentlich erwartet und wünscht man es sich ja umgekehrt. Ich habe gelernt, dass man keine Erwartungen an jemanden haben darf, denn sonst wird man zu sehr enttäuscht. Zieht es die anderen zu sehr runter, wenn sie sich um jemanden kümmern, der gerade so etwas Schweres durchmacht?

Man kann aber auch nicht den ganzen Bekanntenkreis aufgeben, denn sonst steht man komplett allein da. Irgendwann habe ich beschlossen, denen, die mir nicht beigestanden sind, zu verzeihen – weil sie nicht anders konnten. Es hat ein paar Jahre gedauert, bis ich diesen Entschluss fassen konnte. Damit wurde es besser, denn es hat mich nicht mehr so belastet. Und zu zwei anderen Paaren in der Clique habe ich immerhin noch einen wirklich guten Kontakt.

Das Thema „Clique" hat mich lange beschäftigt. Eine Bekannte sagte: „Du wirst sehen, die wollen dich nicht mehr. Die Frauen haben Angst, du machst dich an ihre Männer ran." Obwohl das unglaublich bescheuert war und mir nie danach gewesen ist, empfinden manche Frauen wohl wirklich Eifersucht. Die Ex-Freundin von Franz hat mich auch gemieden. An Geburtstagen und anderen Festen traf ich alle wieder. Manchmal musste ich einfach anfangen zu weinen, und mitlachen konnte ich auch oft nicht. Wenn eine Frau über ihren Mann herzog, dann dachte ich: „Sei doch froh, dass du ihn hast!" Es kam vor, dass ich wieder schnell nach Hause ging, weil ich es nicht mehr aushielt. Es gab aber niemanden, der mir gefolgt wäre und nachgefragt hätte, was los ist. Heute habe ich weniger Freunde als früher, aber dafür sind es wirkliche Freunde. Durch Franz habe ich auch einige dazu gewonnen. Franz war, wie schon gesagt, einer aus der Clique, der sich sehr um mich gekümmert hat. Vielleicht war es für ihn auch eine Möglichkeit, die Sache zu verarbeiten, er war ja beim Unfall dabei gewesen; wir haben viel darüber und über Gerd, die Vergangenheit mit ihm geredet – und wir haben auch zusammen geweint. Vielleicht hat uns das einander nähergebracht.

Es hat Jahre gebraucht, bis ich den Eindruck hatte, ich bin wieder im Hier und Jetzt. Bis dahin hatte ich das Gefühl: Die Welt dreht sich weiter, aber meine bleibt stehen. Ich kam einfach nicht zurecht. Früher habe ich aktiv am Vereinsleben teilgenommen. Auf der Fasnacht trat ich auf, ging auf die Bühne – ob Singen, Sprechen, Tanzen, das hat mir immer viel Spaß gemacht. Aber damit war es vorbei. Bis heute. Ich weiß noch, wie es war, als ich ein halbes Jahr nach Gerds Tod aus der Reha zurückkam. Als ich die Frauen auf der Bühne sah, mit denen ich sonst immer aufgetreten war, dachte ich: „Was treiben die denn da bloß? Sie machen sich doch so lächerlich!" Ich kann damit nichts mehr anfangen. Gewisse Dinge tun mir nicht gut. Da bleibe ich lieber daheim.

Wenige Monate nach dem Unfall beschloss ich, neue Vorhänge anzuschaffen. Als die dann hingen, dachte ich: „Sieht das schön aus!" Mir wurde bewusst, wie gut mir die Veränderung tat. Da kam endlich wieder Freude in mir auf. Nach einem Jahr veränderte ich das Schlafzimmer, nach und nach gestaltete ich vieles um. So habe ich gemerkt, dass das Haus immer mehr zu „meinem" wurde. Mein Mann war eher konservativ in dieser Beziehung: „Ach ne, das braucht man doch nicht." Vielleicht konnte ich mich darin früher nicht so richtig verwirklichen. Das ist ein positiver Aspekt, der mir auffällt. Außerdem war ich das Alleinsein nicht gewohnt. Ich war vierzehn, als ich Gerd kennenlernte, und mit achtzehn wurde ich schwanger. Ich war immer für die Familie da, für den Haushalt, das Geschäft. Ich habe meinem Mann den Rücken freigehalten. Für die Vereine, seine und meine, ich habe genäht, dann kam das Motorradfahren … Ich habe gelernt, mich mit allem zu beschäftigen. Aber nie so richtig mit *mir*. Das musste ich nun gezwungenermaßen. Damit kam ich zu Beginn gar nicht klar. Wie ein Tiger im Käfig lief ich durchs Haus. Was sollte ich mit mir anfangen? Ich musste erst einmal *mich* kennenlernen!

Im Januar kam ich zur Trauerbewältigung in eine psychosomatische Reha – das war meine allererste Reise allein. In meinem ganzen Leben war ich noch nie allein verreist! Als ich nach sechs Wochen zurückkam, sagten alle, dass ich anders aussehe. Mein sturer Blick war weg. Durch den Abstand war ich wieder entspannter. Dort habe ich das Malen angefangen, das hat mir geholfen. Ich kann in den Bildern meine Gefühle ausdrücken, und es entspannt mich. Wenn dann noch etwas Schönes dabei herauskommt, ist es auch für das Selbstwertgefühl gut. Mittlerweile habe ich im ganzen Haus Bilder von mir hängen.

Ich werde nie den Tag vergessen, als mir bewusst wurde, dass ich das erste Mal meinen eigenen Lebensunterhalt verdienen kann: ein super Gefühl! Ich habe zwar auch vorher gearbeitet, aber das war immer nur ein Zubrot.

Mit einer guten Freundin fuhr ich mal auf Wellnessurlaub. Bei einer Massage sprach ich mit dem Therapeuten, und der sagte: „Sind Sie mit Ihrem Mann da?" „Nein, leider nicht ..." Und ich erzählte ihm ein wenig von meiner Situation. Nach der Massage meinte er, ich solle die Augen zumachen und noch liegenbleiben. Da hatte ich das Gefühl, er lässt Sandkörner über mein Gesicht rieseln – das war ganz seltsam. Später sagte er mir, er habe mir Reiki gegeben. Nach dem Wellnesswochenende hatte ich eine solche Energie – ich frage mich heute noch, wie ich das mit der Küchenrenovierung geschafft habe! Das ganze Handwerkliche habe ich gemacht: Ausmalen, Tapezieren, Fliesen verlegen ... Auch im Keller, wo die Werkstatt war. Manchmal denke ich: „Wenn Gerd das nur sehen könnte!"

Natürlich unterstützt Franz mich bei allem. Nach ungefähr zweieinhalb Jahren kamen Franz und ich als Paar zusammen. Ich habe ihn vorher schon lange gekannt. Als es zwischen uns „anders" wurde, habe ich zuerst ziemlich mit mir gekämpft: „Darfst du das überhaupt? Oder ist es zu früh? Was sagen die Schwiegereltern? Die Kinder?" Wenn wir irgendwo hingingen, traute ich mich nicht seine Hand halten. Ich konnte die Beziehung nicht richtig zulassen. Auf der einen Seite wollte ich es, aber immer tauchte die Frage auf: „Darf ich das?" Diese umgekehrte Rolle – wenn ich nun meiner Tochter sage, dass ich einen Freund habe –, die war schon seltsam. Ich war aufgeregt wie ein kleines Kind. Als ich dann meinen Kindern von der neuen Partnerschaft erzählte, haben sie ganz toll reagiert, während hingegen der erste Satz meiner Mutter lautete: „Hach, oje. Und der Gerd?" Vielleicht wollte sie aber eher sagen: „Oje, was sagen denn die Leute?" Sie lebt auf dem Land und ist noch vom „alten Schlag".

Ich bin zu allen hingegangen, auch zu Gerds Schwestern und meinen Schwiegereltern, und habe es ihnen persönlich gesagt. Gerds Schwester hat mich in den Arm genommen und sich gefreut – das war so schön für mich! Von niemandem kam eine negative Reaktion. Es ist ja so: Sitzt man zu Hause und es geht einem schlecht, dann sagen die Leute: „Arme Frau. Warum geht sie nicht raus? Wenn sie doch nur wieder einen Partner hätte!" Macht sie dann genau das, dann sagen die Leute: „Wie, die geht schon wieder aus? Sie hat schon wieder einen Partner? Ja, geht's noch!" Aber muss ich den Leuten etwas recht machen? Wo waren sie denn alle, als es mir schlecht ging? Ich habe inzwischen gelernt, mein Wohlbefinden nicht von anderen abhängig zu machen.

Ich würde nie wieder mit dem Motorrad fahren. Wenn ich heutzutage einen Biker sehe, dann wünsche ich ihm innerlich eine gute Fahrt. Mittlerweile überwiegt in der Erinnerung die schöne Zeit. Wir waren eine tolle Clique und hatten viel Spaß zusammen, wir haben wunderbare Kurzurlaube verbracht. Leider hat der letzte tragisch geendet. Gerd hat das Motorradfahren geliebt, er hat immer viel gearbeitet und beim Fahren konnte er entspannen. Südtirol war seine zweite Heimat. So war es ihm wenigstens vergönnt, bei der Ausübung seines liebsten Hobbys zu gehen, während andere krank im Bett liegen und vor sich hinsiechen. Das kann ich mittlerweile sogar positiv sehen.

Ich bin überzeugt, dass es dort, wo wir nach dem Sterben hinkommen, schön ist. Ich bin mir auch sicher, dass es Gerd gutgeht, wo er nun ist, und dass das uns allen bevorsteht. Die Angst vor dem Tod habe ich verloren. Vor dem Unfall habe ich keinen richtigen Glauben gehabt, ich dachte eher, dass es nach dem Tod nichts mehr gibt.

Das hat sich vollkommen geändert. Ob es stimmt, was ich mir denke, oder nicht – das ist eigentlich nicht so wichtig, solange es mir guttut. Ich glaube, die Lebenszeit von jedem ist vorherbestimmt, und Gerds Zeit war vorbei.

Ich wünsche mir sehr, dass sich der Umgang mit dem Tod in unserer Gesellschaft ändert. Schon im Kindergarten sollten die Kinder spielerisch lernen, dass er zu unserem Leben dazu gehört; dann würden vielleicht manche Probleme im Umgang mit ihm gar nicht erst aufkommen. Denn schließlich trifft es früher oder später jeden. Wenn man sich vorstellt, dass es hinterher etwas Schönes gibt, dann ist es auch leichter, den Tod zu akzeptieren – für den, der geht, und für die, die zurückbleiben.

Wenn man in die Situation kommt, den Partner verloren zu haben, sollte man sich auf sich konzentrieren und fragen, was einem guttut, egal, was es ist. Innere Verbote wie: „Das kann ich nicht, das darf ich nicht" sollte man weglassen. Ich hatte nach Gerds Tod zwei, drei Monate lang eine psychologische Betreuung, die hilfreich war. Mit den Menschen, die im weiteren Bekanntenkreis schon einmal einen Schicksalsschlag erleben mussten, konnte ich besonders offen reden, und das war sehr gut. Das Reden ist wichtig, man sollte nicht alles in sich reinfressen. Und man sollte sich die Zeit nehmen, die man eben zum Trauern braucht, egal, wie lange sie dauert. Ich hatte Glück, dass ich einen guten Rückhalt meines Arbeitgebers hatte. Immerhin war ich acht Monate weg und habe trotzdem meine alte Stelle wiederbekommen.

Mit den Kindern kann ich heutzutage völlig zwanglos über Gerd und die Vergangenheit reden. Aber es gab früher Situationen, in denen wir uns gegenseitig auffangen mussten. Mein Sohn hatte zuerst das Problem, dass er meinte, er müsse in die Rolle des fehlenden Vaters und Mannes schlüpfen. Er fing sogar damit an, mir Vorschriften zu machen, und auch im Verein dachte er, er müsse Gerds Ansichten vertreten. Ich versuchte ihn zu entlasten: „Du musst es so machen, wie es *dir* entspricht!"

Jetzt ist es knapp sieben Jahre her, und wir können inzwischen sogar oft lachen, wenn wir an manche typischen Verhaltensweisen von Gerd denken oder an lustige Situationen mit ihm.

Wenn man die Lage annehmen kann, dann geht alles besser, sobald das Hadern aufhört. Ja, Gerd ist nicht mehr bei uns – aber die Erinnerungen, die in uns sind, nimmt uns keiner. Jetzt hat eben ein neuer Lebensabschnitt angefangen. Ein Glücksfall, wenn man das so erkennen kann, auch wenn es mal Rückschläge gibt. Das Leben ist schön, das erkennt man an Kleinigkeiten, die man vorher vielleicht nicht gesehen hat. Auch die Dankbarkeit nimmt zu. Aber ohne eine positive Grundeinstellung funktioniert das nicht. Wenn man immer die „trauernde Witwe" bleibt, wird es nicht besser. Und man zieht andere mit runter. Auf die Fragen „Warum, wieso, weshalb?" gibt es sowieso keine Antwort. Also nehme ich die Dinge so an, wie sie sind; das ist die einzige Art, damit fertigzuwerden. Wenn man früheren Zeiten hinterherweint, fügt man sich selbst Schaden zu. Man kommt nicht vorwärts. Aber Vorwärtskommen ist doch wichtig!

Mit Franz erlebe ich heutzutage Sachen, von denen ich noch nicht einmal geträumt habe. Wir waren zum Beispiel in den Staaten; wer weiß, ob ich mit Gerd jemals dort hingekommen wäre. Das Leben ist wieder richtig schön. Ich kann zulassen, dass es mir gutgeht. Vor sieben Jahren hätte ich mir das niemals vorstellen können, so tief war das Tal – aber jetzt sehe ich wieder die Sonne.

PUTZEN, KOCHEN, NACH DEM KIND SCHAUEN, WEITERLEBEN

Herr A., 75 Jahre alt; seine Frau ist vor 20 Jahren vermutlich an einer nicht erkannten Herzentzündung verstorben. Die Sorge um die gemeinsame, damals dreijährige Tochter und die Liebe zur Musik hielten ihn aufrecht.

Es war im März 2000, da sagten die Ärzte, sie würden die Geräte abschalten. Kerstins Organe waren alle ausgefallen und sie war an eine Maschine angeschlossen.

Ich war zu dieser Zeit bei meiner großen Tochter in den Staaten, sie hatte gerade ein Baby bekommen. An dem Abend, bevor ich flog, wollte Kerstin, dass ich bleibe. „Ja, warum?“ „Mir geht's nicht gut.“

Eine Woche vor meiner Abreise hatte Kerstin so starke Zahnschmerzen, dass sie weinte und mich in der Nacht aufweckte. Sie war immer hart im Nehmen, und das zeigte mir, dass es richtig schlimm sein musste. Sie ging am nächsten Morgen zum Zahnarzt, und der stellte fest, dass sie einen abgestorbenen Zahn hatte. Den konnte man jetzt erst bemerken, weil er damit begonnen hatte, die anderen Zähne anzugreifen. Darum die Schmerzen. Der Arzt bohrte den Zahn auf, aber da kam nicht mehr viel raus. Wir dachten damals, damit sei die Sache erledigt. Aber vermutlich war der ganze Dreck schon im Blut.

„Klar bleibe ich da. Ich storniere den Flug“, beruhigte ich sie. Das wollte sie dann aber doch nicht. Deshalb flog ich am nächsten Tag wie geplant. Vielleicht hätte ich bleiben sollen. Aber hätte es etwas genützt? Die Entzündung war schon weit fortgeschritten.

An dem Abend vor ihrem Tod hat sie im Garten gearbeitet, danach bekam sie im Schulterbereich starke Schmerzen. Ihre Eltern kamen zu ihr auf die Alb, wo wir wohnten. In dieser Nacht nahmen die Schmerzen immer mehr zu. Kerstin stand auf, und ihre Mutter kochte einen Tee. Es war schon fast am Morgen, da ging es Kerstin dermaßen schlecht, dass ihre Mutter sagte: „Komm, wir beten.“ Dann hörte Kerstin irgendwann zu atmen auf. In den Armen ihrer Mutter wurde sie bewusstlos. So schnell kann kein Rettungsdienst kommen, wie sie medizinische Hilfe gebraucht hätte. Der Notarzt versuchte sie wiederzubeleben, aber vermutlich war sie schon hirntot, bis er kam. Sie lag im Koma, und die Ärzte veranlassten, dass sie mit dem Hubschrauber in eine Spezialklinik geflogen wurde.

In Amerika erreichte mich dann der Anruf. Meine älteste Tochter nahm ihn zuerst entgegen und weckte mich: „Du musst aufstehen. Es ist etwas Schlimmes passiert." Am Telefon sagte der Arzt: „Sie müssen damit rechnen, dass Ihre Frau stirbt." Er sagte auch noch: „Sie trifft keine Schuld", aber es war natürlich trotzdem hart. Ich beeilte mich, wieder nach Hause nach Deutschland zu kommen. Was für ein Höllenflug! Ich hatte zwei Tage nicht geschlafen, bis ich endlich in der Klinik war. Kerstin hing an allen möglichen Instrumenten. Ein Pfleger sagte zu mir: „Sie können ihre Hand halten und mit ihr reden, vielleicht hört sie Sie ja." Das habe ich dann auch gemacht. Aber es kam keine Reaktion, null. Dann fuhr ich nach Hause. Alle waren natürlich aufgebracht. Die Schwiegermutter hat rotiert ... Am nächsten Tag fuhr ich mit meiner Schwägerin nochmals zur Klinik. Da hieß es gleich: „Abschalten." Das war's dann.

Saskia war knapp drei Jahre, als ihre Mutter verstarb. Aber angefangen hat es eigentlich schon nach der Geburt, dass Kerstin sich schlecht fühlte; wegen jeder Kleinigkeit rastete sie aus. Ich wusste nicht, warum. Ob da auch schon was war?

Die Ärzte baten mich, einer Obduktion zuzustimmen. Meine Schwägerin und ich diskutierten, kamen aber zu dem Schluss: „Wir lassen sie in Ruhe." Wir wollten das nicht.

Hinterher habe ich recherchiert: Wenn du was mit den Zähnen hast und das wird nicht behoben, dann kann die Entzündung weitergehen und das Herz als erstes Organ befallen – und das kann zum Tod führen. Ihr ging es ja schon seit Monaten schlecht, aber dass das mit dem abgestorbenen Zahn zusammenhängen könnte, darauf ist keiner gekommen. Der Arzt, den sie vor einem halben Jahr schon aufgesucht hatte, verschrieb ihr immer bloß Antibiotika: „Der Herd muss weg!" Der Zahn wurde aufgebohrt und ein Medikament reingestopft, aber der ganze Eiter war schon im Blutkreislauf. Der letzte Zahnarzt hätte sie warnen sollen: „Pass auf, du hast schon seit einem halben Jahr einen abgestorbenen Zahn in deinem Mund, du musst zur Beobachtung ins Krankenhaus."

Ich suchte den Sarg aus und ein schönes Kleid. Und war fix und fertig.

Kerstin war meine dritte und meine liebste Frau. Sie war 20 und ich 39, als wir uns kennenlernten, zusammengelebt haben wir aber nur die letzten vier Jahre. Trotzdem sahen wir uns die Zeit davor jeden Tag. Insgesamt waren wir 18 Jahre zusammen.

Ich würde sagen, wir haben uns immer an unserer Verbindung erfreut. Das war Liebe, auch bei ihr. Kerstin war die Ex-Freundin eines befreundeten Musikers gewesen. Sie hat mir immer meine Freiheiten gelassen, wenn ich bei meinen Kumpels war, wir gekifft und Musik gemacht haben. Ich war sehr lange richtig in sie verliebt, hatte Träume gehabt, bin über Dörfer geflogen ... Doch ihre Eltern meinten, ich sei zu alt für sie.

Nach ihrem Tod hat mir eigentlich keiner geholfen. Zwei, drei Leute kamen mal vorbei und haben kurz mit mir geredet, aber dass jemand gefragt hätte, ob er für mich etwas tun könnte, das kam nicht vor. Aber *wie* hätte mir jemand helfen sollen? Das kann in der Situation doch sowieso keiner. Die Verpflichtung mit dem Kind war für mich selbstverständlich, da habe ich nicht drüber nachgedacht. Ich habe meine Frau vermisst.

Am Wochenende bin ich immer von der Alb runtergefahren, habe Saskia geschnappt und sie zu meinen Schwiegereltern gebracht, weil ich dachte, sie ist das Kind ihrer Tochter und sie freuen sich an ihr. Alleine auf der Alb sein, das war unerträglich. Ich musste alles selber machen: früh aufstehen, Saskia in die Kita bringen, arbeiten gehen, Saskia hinterher wieder abholen, einkaufen gehen, daheim etwas kochen ... Ich habe einfach gemacht, was angesagt war. Waschen, putzen, kochen, nach dem Kind schauen, weiterleben. Das war das Wichtigste. Aber es war einfach niemand da. Ich hatte Bekannte, aber hier auf der Alb keine richtigen Freunde. Am Wochenende habe ich dann alte Freunde besucht, in der Kneipe rumgehangen, gekifft und gesoffen. Meistens stand ich drüber, aber manchmal habe ich geheult. Dann haben mich die alten Freunde getröstet. Mein Körper hat sich gemeldet, ich war öfter krank. Antibiotika nützten nichts, ich bekam Fieber und bin trotzdem im gleichen Jahr, als Kerstin starb, mit der Kleinen nach Italien gefahren, so wie wir es eigentlich zu dritt vorhatten. Das war so traurig!

Es kam vor, dass Saskia abends in ihrem Bettchen lag und ich ihr was zum Einschlafen vorsang. Irgendwann fragte sie: „Wo ist die Mama?“ Ich antwortete: „Die Mama kann nicht mehr kommen. Sie ist gestorben.“ „Ja, warum?“ Sie wusste nicht, was das bedeutet. Da hatte ich einen Kloß im Hals.

Gespräche mit den Erzieherinnen über Saskias Situation gab es keine. Sie wussten alle Bescheid, aber keine hat mich angesprochen: Über alles hat man geredet, aber darüber nicht.

Später hatte ich verschiedene Freundinnen. Steffi mochte ich besonders gern, sie war Lehrerin und hat Saskia auch in der Schule geholfen. Sie hat aufgedeckt, warum Saskia morgens immer zu spät in den Unterricht kam. Die Lehrer dachten ja alle, ich würde es nicht auf die Reihe kriegen und jeden Tag mein Kind zu spät bringen. Aber es war so, dass Saskia, nachdem wir uns an der Eingangstür verabschiedet hatten, erst mal aufs Klo ging und dort mindestens eine Viertelstunde blieb. Natürlich war sie dann zu spät dran!

Beim Spazierengehen traf ich mal einen Bekannten, der sagte: „Am besten ist es, dass du so schnell wie möglich wieder eine Frau findest!“ Aber wer sollte das sein? Es gab keine, die zu mir und Saskia gepasst hätte. Die Steffi hätte schon gepasst, aber sie hatte ein behindertes Kind und musste sich auch um dieses kümmern. Das war ungefähr sechs Jahre nach Kerstins Tod und mit Steffi und mir ging es vielleicht drei Jahre. Steffis behindertes Kind war immer die Heilige und Saskia immer die Böse. Irgendwann hat es gereicht, da habe ich meine Kleine geschnappt und wir sind wieder gegangen.

Die Sicht auf Leben und Tod bekomme ich nicht, weil ich um jemanden trauere. Über meinen eigenen Tod oder über den des Kindes habe ich deshalb nicht mehr oder anders nachgedacht. Ich wollte weiterleben. Wenn jemand gestorben ist, dann kann man nichts mehr machen, dann ist er eben weg. Die Kirche hat mir keinen Trost gespendet, das war alles Blabla. Musik hat mir geholfen oder Leute, die mal Saskia genommen oder was mit uns zusammen gemacht haben. Über die Musik sind Freundschaften entstanden. Das Singen an sich macht Freude, da bin ich bei der Sache, das Selbstmitleid ist weg. Das hilft. Erik Claptons „Tears in Heaven“ gibt es auch auf Deutsch „Jenseits der Zeit“: „Wenn ich heute sterbe und werde in einer Milliarde Jahren wieder aufgeweckt, dann wache ich wieder auf – die Zeit zählt nicht.“ Mein Bewusstsein ist, dass es keine Zeit gibt, vielmehr existiert sie nur, solange man lebt. Bis zu einer Wiedergeburt können Milliarden von Jahren vergehen, aber du siehst es als ein „im Nu“.

Das Lied löste Trauer aus, und es zu spielen, tat mir gut. Es erlaubte mir, traurig zu sein.

Zu Kerstins Geburtstag zünde ich manchmal Kerzen an und spiele für sie Gitarre. Dann sage ich: „Das ist für dich!“ Komisch, lange Zeit habe ich ihren Geburtstag verpasst, irgendwann habe ich wieder damit angefangen und nun steht ihr Termin in meinem Kalender.

Wenn ich mit Saskia, Freunden und deren Kindern zusammen war, war das immer schön für mich und sie. Heute ist meine Tochter 22 Jahre und wir haben eine enge Verbindung.

Aber so eine Partnerin wie Kerstin habe ich bisher nie wiedergefunden.

Für mein Leben wünsche ich mir, dass ich weiterhin Musik machen und Saskia unterstützen kann. Ich hätte gern eine neue Beziehung, die Hoffnung gebe ich nicht auf. Vielleicht brauche ich eine Frau, die ernsthaft gute Musik macht. Ob das hilft?

MIT MUT UND KRAFT DAS LEBEN NEU ORDNEN

Frau B., 78 Jahre alt, drei Töchter, hat zwei Ehemänner krankheitsbedingt verloren. Ihre Tatkraft und positive Grundeinstellung halfen ihr bei der Bewältigung, Angebote für Trauerbewältigung gab es in den 1960er und 1980erJahren kaum.

Die Trauer begleitet einen ein ganzes Leben lang, ich denke oft darüber nach. Meine Erfahrungen betreffen den Verlust eines Partners in jungen Jahren und den eines Partners in reiferen Jahren. Ich bin Teil eines Frauenkreises, wir sprechen viel über dieses Thema, und ich stelle immer wieder fest: Jede empfindet anders, jede trauert anders, jede bewältigt es anders. Außerdem glaube ich: Wer einen starken Glauben hat, der kann sein Schicksal anders annehmen. Dann kann man immer weitermachen, egal, wie weit unten man ist.

Meine Mutter ist mit 46 Jahren an einer ganz gewöhnlichen Gallensteinoperation wegen einer falschen Behandlung verstorben. Ich hatte einen elfjährigen Bruder, eine 19-jährige Schwester und mein Vater besaß eine große Landwirtschaft. Ich war öfters mit den Nerven ganz am Ende, weil wir einfach nicht wussten, wie es weitergehen sollte. Das hat mich sehr geprägt. Ich habe ganz bewusst einen Mann geheiratet, der krank war. Zu der Zeit war ich schon mit ihm zusammen, und meine Mutter hat immer gefragt: „Willst du dir das wirklich antun?" Aber ich habe gesagt: „Er ist so ein toller, liebenswerter Mann. Warum soll nicht auch er das Glück erleben?"

Er war ein Bild von einem Mann! Als wir uns kennenlernten, war ich 18 und er 26; und als er starb, war ich 24. Er war in der Zeit x-mal im Krankenhaus. Er ließ sich in der Schweiz behandeln, denn hier wäre er gleich verstorben; die Boecksche Krankheit (heutige Bezeichnung: Sarkoidose, bei der Gewebeknötchen [Granulome] überall im Körper entstehen und Entzündungsreaktionen hervorrufen, die die Organe schädigen; besonders die Lunge ist betroffen) war in Deutschland kaum bekannt. Er wurde mit Cortison behandelt, das es damals nur in der Schweiz gab. Seine Eltern hatten ein gutgehendes Geschäft und konnten sich die Behandlung leisten, aber: Das Cortison war nicht gereinigt, es war ein Urprodukt. Daraufhin bekam er Geschwülste.

1963 haben wir geheiratet, nachdem man ihn ermutigt hatte: „Alles ist gut!" Ich hatte mich noch erkundigt, ob dem Wunsch nach Kindern nichts im Wege steht, aber es hieß, das sei nur eine Infektionskrankheit. Es war unser beider große Liebe, sie schlug ein wie ein Blitz! So haben wir beschlossen, wir machen es einfach. Kaum zu glauben, aber ab der Hochzeit war mein Mann drei Jahre lang nicht mehr krank! Er hat gearbeitet und wir haben unsere zwei Mädchen bekommen. Es war eine schöne, erfüllende Zeit. Im selben Jahr, als unsere zweite Tochter auf die Welt kam, waren wir wie so oft bei meinen Schwiegereltern. Es war warm und schön, mit einem blauen, weiten Himmel. Das Letzte, was er sagte, war: „So ein wunderschöner Abend!" Am Gartentor fing er an zu husten. „Ich geh schon mal rein, huste dich aus", sagte ich und ging nach den Mädchen schauen in der Hoffnung, dass sie nicht aufwachten. Dann zog ich meinen Schlafanzug an, als es plötzlich in mich fuhr: „Wo ist er? Da stimmt doch was nicht!" Auf dem Flur kam er mir torkelnd entgegen. „Schatz, was ist?", fragte ich. „Den Doktor", bat er. Ich rannte zu den Schwiegereltern gerade so, wie ich war. Später sah ich, dass er in der Waschküche die Lunge ausgeblutet hat – aber er hatte nichts gesagt! Dabei dachten wir doch, es sei alles gut. Als er starb, waren die Mädchen eineinhalb Jahre und drei Monate alt. Ich war verzweifelt, hatte Existenzängste – mein Lebenstraum war mit einem Mal zu Ende. Alles brach zusammen. Im Nachhinein kann ich das Positive sehen: Weil Kinder da waren, hatte ich keine Zeit zum Trauern.

Ich versuchte, mit Mut und Kraft das Leben neu zu ordnen. Die Zukunft musste entwickelt werden, egal wie; das eigene Ich rückte total in den Hintergrund. Ich dachte nur: „Ich muss für die Kinder da sein!" Hätte ich nicht meine Eltern und die Schwiegereltern gehabt, wie hätte ich überleben können mit den Kindern? Ich musste mit 400 DM auskommen. Alles habe ich selber gestrickt, gehäkelt, genäht. Von meinem Vater habe ich Naturalien bekommen, ich musste nichts kaufen. Meine Kinder haben keine Milch getrunken, die Schwiegereltern haben immer Malzbier gekauft, das hätte ich mir gar nicht leisten können. Wenn man heute immer sagt: Milch und Muttermilch – alles Quatsch! Meine sind mit Malzbier großgeworden.

Arbeiten, planen – wie geht es weiter? „Mein Gott, jetzt haben wir niemanden mehr", jammerten meine Schwiegereltern. „Wie bitte? Ihr habt doch mich!", widersprach ich. An jenem Abend habe ich den beiden versprochen, dass ich sie ihr ganzes Leben lang nicht alleinlassen werde. Sie hatten uns so viel geholfen und waren immer für ihren Sohn da. Meine Schwiegermutter wollte eigentlich nicht mehr leben, das war schlimm. 1966 ist mein Mann verstorben, und 1970 ist meine Schwiegermutter tödlich verunglückt. Keiner weiß, warum sie allein im Schneesturm über die Straße und in ein Auto gelaufen ist. Der Fahrer hat gesagt, er habe niemanden gesehen. Von da an habe ich 25 Jahre meinen Schwiegervater versorgt. Mit Geschäft, Garten – nein, zwei Gärten, zwei Häuser! 25 Jahre lang kam er hierher zum Essen. Ich machte nie Urlaub, nichts. Ich habe nur alle versorgt. Das war in den ersten Jahren das Schlimmste, von jedem so vereinnahmt zu werden.

Es war gut gemeint, aber ich wollte mir nicht mehr sagen lassen, wo man am Wochenende hinfährt und was ich mit den Kindern machen soll. Ich wollte *selber* über mein Leben bestimmen. Darum habe ich mir gesagt: „Ich muss nach einem neuen Partner Ausschau halten. Die Kinder brauchen einen Vater." Aber gleich darauf dachte ich: „Das kann nicht funktionieren, denn: Welcher Mann heiratet eine Witwe mit zwei kleinen Kindern?"

Mein Mann hatte für mich in der Verlobungszeit die Zeitschrift „Haus und Familie" abonniert, die ich über Jahrzehnte hinweg las. Darin waren auch Kontaktanzeigen. Im Winter 1967/68 – da war ich 23 und mein Mann seit zwei Jahren tot – stieß ich auf eine Anzeige und dachte: „Mein Gott, dieser Mann hat es auch schwer!" Ein Rezept für eine Quarktorte gefiel mir und ich hob das Heft auf. An Ostern fiel mir die Torte wieder ein und ich holte es wieder hervor. Als ich es aufschlug, sprang mir gleich wieder die Kontaktanzeige ins Auge. Es war wie ein Wink des Schicksals. „Jetzt schreibe ich dem Mann und mache ihm Mut", nahm ich mir vor. Er hatte nämlich nur seine schlechten Eigenschaften beschrieben! „Ungewöhnlich", dachte ich. Er schrieb, dass er viel Arbeit hat, ein eigenes Geschäft und ein achtjähriges Töchterlein; dass er Raucher ist, nicht tanzen kann ... Aber am Schluss: sehr zärtlich! Das war's. Ich schrieb ihm, dass er nicht verzweifeln soll und dass er bestimmt wieder jemanden findet. 72 Zuschriften hatte er bekommen! Mit meinem Brief ging er zu seiner Mutter und sagte: „Die oder keine!" Aber seine Mutter antwortete: „Die Frau will doch gar nichts von dir. Sie ist 16 Jahre jünger wie du und hat selber schon so einen schweren Schicksalsschlag erlebt. Sie wollte dir nur ein bisschen Mut machen." In meinem Schreiben hat er das Abbild seiner Frau gesehen. Sie war an Krebs verstorben. Seine Tochter war von ihm und seiner Frau adoptiert worden, da es mit einem leiblichen Kind nicht geklappt hatte.

Dann ging es mit den Briefen hin und her. „Jetzt muss ich ihn mal sehen", beschloss ich. Wir wohnten etwa drei Stunden auseinander. Das erste Mal, dass ich meine Schwiegereltern anlog, weil ich noch nichts davon erzählen wollte: „Ich gehe eine Freundin übers Wochenende besuchen", sagte ich. Nur meinem Vater sagte ich die Wahrheit.

Der Mann war sehr alt und total am Boden. Er kam in einem schwarzen Anzug angereist, grauhaarig und verbraucht. Keine Schönheit. Aber – was für eine Ausstrahlung! Als ich im Zug heimfuhr, sagte ich mir: „Nein, das tue ich mir nicht an. Was der alles am Hals hat!" Aber der Mann hat nicht aufgegeben. Er schrieb mir solch herzliche Briefe und bot an, zu mir zu ziehen. Denn für mich war klar: „Von hier gehe ich nicht weg." Ich hatte das neue Haus, die Schwiegereltern, denen ich versprochen hatte, für sie da zu sein. Das hat er alles akzeptiert. Er war bereit, sein Geschäft aufzugeben und hier mit 46 Jahren nochmal neu anzufangen. Ich half ihm, das Geschäft aufzulösen.

Solch einen Mann gibt es selten! Er hat mich auf Händen getragen. Ich brachte ihn hier in einem Betrieb unter, aber es war eine belastende Stelle. Nach oben musste er buckeln, aber nach unten konnte er gar nicht treten, weil er so ein feiner Mensch war. Und intelligent! Im Krieg war er Pilot, das Fliegen war sowieso seine Leidenschaft.

Über Russland wurde er dann abgeschossen, Schädelbasisbruch, beide Knie gebrochen. Es war ein Wunder, dass er überlebt hatte. Die russischen Ärzte haben ihn zusammengeflickt. Er hatte furchtbare Schmerzen. Als Einziger von den sieben Flugkameraden ist er aus dem Krieg zurückgekommen. Als er es geschafft hatte, irgendwie heimzukommen, erkannte ihn die eigene Mutter nicht, so verlaust und abgemagert war er.

Einen besseren Vater hätte ich für die Kinder nicht haben können, das war er wirklich. Unsere Liebe war nicht sofort da, sie ist gewachsen. Er hat mir alle Freiheiten gelassen, er hat Geld verdient und sich hier gut eingewöhnt. Seine Tochter war von der ersten Stunde an meine Tochter, wie die anderen auch. Die drei haben sich immer gut verstanden. Sie wird demnächst sechzig und ist eine ganz tolle Frau! Ja, es ist alles gut gelaufen, aber nur, weil ich gesund war und so viel Kraft hatte, um dies alles zu bewältigen. Streit und Unfrieden konnte ich nie vertragen. Ich habe alle ins Boot geholt, alle haben mitgezogen, denn unser Motto war: Das machen wir alles miteinander. Dazu gehört aber, dass man frei ist von Egoismus und Ichbezogenheit, sonst funktioniert das nicht.

Ein gemeinsames Kind mit meinem zweiten Mann habe ich abgelehnt, weshalb er auch sehr böse mit mir war. „Nein, nein", sagte ich. „Wir haben jetzt drei Kinder, und die Verantwortung für ein weiteres kommt für mich nicht in Frage." Das habe ich durchgesetzt, da war ich sehr selbstbewusst. Es wäre deshalb aber fast zum Bruch gekommen. Wahrscheinlich hätte es sowieso nicht geklappt, mit der ersten Frau ging es ja auch nicht. Das lag an der Fliegerei. Die Maschinen, mit denen man früher flog, wurden mit Bleibenzin betrieben, das die Spermien der Männer abtötete. Sehr wahrscheinlich war das der Grund für seine Zeugungsunfähigkeit; aber früher konnte man das ja nicht so untersuchen.

Heute ist alles anders, auch die Trauerbewältigung. Wie heute den Leuten geholfen wird! Ich hatte niemanden. Alles habe ich selber mit mir ausgemacht.

Mein zweiter Mann ist an Krebs gestorben. Der Arzt hatte ihn abgetastet und mir hinterher im Vertrauen gesagt: „Ich taste überall Metastasen. Es gibt nur die Möglichkeit ihn zu operieren, damit er nicht allzu früh einen Darmverschluss bekommt." Das ist das Schlimmste, was einem Krebspatienten passieren kann. Da hilft nichts mehr, kein Schmerzmittel, nichts. Der Arzt sagte voraus, dass er noch ein Vierteljahr haben wird, in dem es ihm gut geht: „Macht alles, was euch Freude macht; denn dann geht es rigoros bergab." Genauso ist es gelaufen. Es war ein Vertrauensbruch, aber ich habe die Prognose meinem Mann nicht gesagt. „Du wirst operiert und du wirst sehen, dann geht es wieder aufwärts", beruhigte ich ihn. Ich wollte nicht, dass er sich das Leben nimmt, denn er hat immer gesagt: „Wenn ich einmal Krebs bekomme, mache ich das nicht mit." In diesem letzten halben Jahr seines Lebens war ich voll für ihn da. Aber wir konnten eigentlich nichts mehr unternehmen. Beim Autofahren hat ihn jede kleine Erschütterung geschmerzt. Ich habe ihm die Spritzen gegeben und zweimal die Woche waren wir beim Arzt. Nun musste ich noch mehr selber bewältigen, Autofahren, die Oma in die Kur bringen ... Denn seine Eltern hatten wir inzwischen auch hierhergeholt! Sein Vater ist allerdings nach vier Wochen verstorben, und dann saß die Mutter allein in der Wohnung. Aber ich habe mich so gut mit ihr verstanden. Und da die andere ja tödlich verunglückt war, gab es ja „nur noch" die eine Schwiegermutter. Das war vielleicht das Gute daran, wer weiß, ob es mit beiden gutgegangen wäre ... Sie war eine bewundernswerte Frau. Denn als mein Mann nach einem halben Jahr verstorben war, sagte sie zu mir: „So, jetzt ist es gut. Du hast so viel geleistet, ich geh jetzt in meine alte Heimat ins Altersheim. Um mich musst du dich nicht mehr kümmern." Da war sie 87.

Mein zweiter Mann ist nach 18 Jahren Zusammensein im November 1987 verstorben. Und im Dezember war ich schon auf dem Arbeitsamt, denn es war klar, dass ich mit der kleinen Witwenrente nicht auskommen würde. Der Berater sagte: „Haben Sie ein Glück! Es gibt eine Wiedereingliederungsschule für ehemalige Industriekaufleute. Aber Sie müssen sich gleich in den nächsten fünf Minuten entscheiden." Ich bin dann auf den Gang raus und habe nachgedacht. Die ganze Familie saß ja bei mir am Tisch – wie sollte ich in die Schule gehen und mittags erst heimkommen, dann wieder alle Leute versorgen? Aber ich wollte das auch noch schaffen. So bin ich wieder ins Büro rein und habe gesagt: „Okay, melden Sie mich an." Denn es ging um Minuten, der Platz hätte gleich vergeben sein können. Schon am nächsten Tag fuhr ich nach Rottweil in die Schule. Zu Hause versammelte ich alle um mich und sagte: „In Zukunft wird nicht mehr um halb zwölf, sondern um halb zwei zu Mittag gegessen." Die Schule ging ein halbes Jahr und ich habe einen guten Abschluss gemacht. Aber dann – was tun? Ich rief den ehemaligen Chef meines zweiten Mannes an, der mir früher schon angeboten hatte, ich könne mich an ihn wenden, da er wusste, dass wir es nicht leicht hatten. Er bot mir eine Stelle als Mutterschutzvertretung an. Ich habe zugesagt, bin voll ins kalte Wasser gesprungen. Die Arbeit war dann auch sehr umfangreich. „Sie lassen wir hier nicht mehr gehen", sagte der Chef nach einem halben Jahr zu mir. Und so kam es, dass ich bis zur Rente in der Firma blieb! Irgendwie schaffte ich es immer, alles unterzubringen und zu bewältigen. Dazu noch mein unterstützendes Umfeld. Ich glaube, ich habe alles richtig gemacht, ich konnte es sowieso nicht anders. So war mein Leben.

Meins war es nie, daheim zu sitzen und zu heulen. Über Jahrzehnte habe ich vier Gräber versorgt, das hat mir sehr viel gegeben: an einer Grabstelle zu stehen und mit dem Verstorbenen Gespräche zu führen. Und wenn es nur zwei Minuten waren. Das hat mir am Anfang, wenn ich wieder allein war, am meisten gebracht. Zeit für Trauerbewältigung hatte ich eigentlich nie. Man muss loslassen können, einfach loslassen. Heute sehe ich, es war meine Lebensaufgabe, das Viele zu bewältigen. Den Herrgott habe ich währenddessen oft gespürt! Beide Männer musste ich loslassen. Mit dem ersten hatte ich so eine erfüllte Zeit, das erlebt nicht jeder. Und beim zweiten dachte ich: „Ich habe so viel Kraft, ich kann ihn mit seinem Kind nochmals vorwärtsbringen, wenn er bereit ist, mir entgegenzukommen." Und – es hat geklappt! Er hat mir einen sehr bewegenden Abschiedsbrief geschrieben; wenn ich heute dran denke, könnte ich immer noch heulen.

Ich war 46, als mein zweiter Mann verstarb, und ich war ein Mensch, der nicht allein sein wollte. Meine Töchter waren inzwischen groß. Ich habe keine Schwiegersöhne und keine Enkel, warum auch immer. Jedes meiner Mädels ist ganz toll, jedes auf seine Art, und ich habe immer gesagt: „Macht so, wie ihr denkt!" Ich habe nie geklammert, alles läuft auf freiwilliger Basis.

Einen geschiedenen Mann hätte ich nie genommen, denn: „Ein Bock allein stößt nicht." Das sind doch in der Regel besondere Menschen, die nicht an ihrer Beziehung arbeiten können. Man kann natürlich immer davonlaufen, aber ich finde: Wenn man sich das Ja-Wort gegeben hat, dann muss man doch an der Beziehung arbeiten. Das funktioniert! Man sollte sein eigenes Ich zurücknehmen und schauen, dass man nicht an sich klebt. Es gibt so viele egoistische Menschen. Ich sehe oft allein reisende Menschen, und das bedrückt mich. Man macht sich das Leben doch selber schwer, wenn man immer nur auf sich bezogen lebt. Während man, wenn man auf andere zugeht, auch persönlich vorankommt.

Wenn du Witwe bist, passieren dir abartige Dinge. Es haben sich manche Männer um mich bemüht, darunter auch verheiratete. Da denkt ja jeder, er kann einfach was mit dir anfangen, wenn du allein bist. Dem wollte ich entgehen. So gab ich, als ich 52 war, eine Annonce auf, auf die sich einige Männer meldeten. Aus einem Brief hat eine große Charakterstärke gesprochen. Und seit 25 Jahren habe ich wieder einen Partner! Inzwischen haben wir viele Reisen zusammen gemacht, wir unternehmen viel und an den Wochenenden bin ich nicht allein. Aber zusammenleben, nein, das wollte ich nicht mehr. Mein jetziger Partner hat einen Sohn und er hat seine Frau durch Krebs verloren. Ich wollte eigentlich nicht mehr das ganze Leid von anderen verkraften, aber auch seiner Familie kann ich mich nicht entziehen. Da laufen oft Sachen nebeneinander her, das ist manchmal belastend. Und obwohl wir nicht zusammenwohnen, bin ich natürlich mitten drin. Aber heute denke ich: „Es kann kommen, was will." Man kann so oft im Leben anderen Hilfestellung leisten – und ich finde, es ist unsere Aufgabe, das zu tun.

IM FLUGZEUG SASS ER NEBEN MIR

Frau H. ist 60 Jahre alt und hat einen Sohn. Ihr Mann verstarb 2002 bei einem Autounfall. Viele Jahre hatte sie das Gefühl, ihr Mann sei noch bei ihr.

Mein Mann ging zur Arbeit und kam nicht mehr zurück. Er war damals beim Bundesgrenzschutz, der heutigen Bundespolizei, und ist bei einem Einsatz im Dienst ums Leben gekommen. Damit war alles von einer Sekunde auf die andere auf den Kopf gestellt.

An diesem Morgen gab es einen Unfall mit Fahrerflucht, den ein Kollege beobachtet hatte. Dieser rief Stefan, meinen Mann, auf seiner Dienststelle an. Stefan wartete auf ihn und sobald der Kollege eingetroffen war, setzten sie sich ins Auto, um zur Unfallstelle zu fahren. Das war im Januar, es hatte am Tag zuvor geschneit, aber teilweise taute der Schnee schon wieder weg. Die Nacht war sehr kalt gewesen, sodass es an manchen Stellen zu Blitzeis kam.

Obwohl sie nicht schnell fuhren, geriet ihr Auto ins Schleudern und kam von der Straße ab. Es sauste den Abhang hinunter und überschlug sich weiß Gott wie oft. Stefan wurde aus dem Fahrzeug geschleudert, der Kollege ebenfalls. Doch während dieser überlebte, war mein Mann auf der Stelle tot.

Wir sind drei Schwestern, und zwei von uns haben zwei Brüder geheiratet. Mein Schwager war damals bei der gleichen Dienststelle, nur beim Zoll. Deshalb wurde er als Erster informiert und darum gebeten, mir die Nachricht zu überbringen. Meine Schwester und er kamen also zu uns nach Hause. Ich war gerade in der oberen Wohnung bei meinen Eltern und sah vom Fenster aus, wie die beiden auf das Haus zuliefen. „Wie sehen denn die aus?“, fragte ich mich. Da bemerkte ich noch einen weiteren Mann in grüner Uniform, der hinter ihnen herlief. „Ach ja, Polizei“, dachte ich. „Die beiden hatten wohl einen Unfall und die Polizei bringt sie jetzt zu uns.“ Als ich die Tür aufmachte, fragte ich meine Schwester: „Was ist los, ist euch was passiert?“ Sie antwortete nur: „Der Stefan ist tot.“ „Das kann nicht sein, der ist im Dienst“, widersprach ich. Und sie, nochmal: „Doch, der ist tot.“

Stefan war am Tag zuvor um halb zwölf in den Dienst gegangen. Er war an der Schweizer Grenze stationiert und hatte dort auch ein Zimmer, wo er manchmal übernachtete, wenn er Spätschicht hatte.

Für mich war klar: Wenn er im Dienst ist, dann kann ihm doch auch nichts passieren! Dann realisierte ich, dass der weitere Mann, der mit meiner Schwester und meinem Schwager gekommen war, kein Polizist, sondern ein Kollege meines Mannes vom Bundesgrenzschutz war. Mir zog es komplett den Boden unter meinen Füßen weg. Dann schrie ich nur noch. Ziemlich schnell kam ein Seelsorger hinzu.

Julian war noch in der Schule. Der Seelsorger blieb, bis mein Sohn nach Hause kam. Sollte man ihn von der Schule abholen oder lässt man ihn ganz normal heimlaufen? Wie sage ich überhaupt einem achtjährigen Kind, dass sein Vater tot ist? Ich als Erwachsene konnte ja nicht mal kapieren, dass Stefan tot war. Wie sollte ich das von einem Kind erwarten? Die Lösung kam durch Zufall durch meinen Vater, der in der Nähe der Schule einen Zahnarzttermin hatte und Julian dann abholte.

Meine Eltern, meine Schwester, mein Schwager, der Kollege, der Seelsorger... Alle waren um mich herum. Aber sagen musste *ich* es meinem Kind.

Ich saß auf dem Sofa und nahm Julian in den Arm. „Ich muss dir leider etwas erzählen", sagte ich. Er guckte mich nur an, als würde er denken, ich wäre nicht mehr normal. Es war schlimm.

Meine Eltern und ich haben in einem gemeinsamen Haus zwei getrennte Wohnungen. Anfangs musste ich nach Stefans Tod viel regeln, ich funktionierte. Aber gefühlsmäßig habe ich es einfach nicht kapiert. Ich konnte mir nicht vorstellen, dass Stefan wirklich nie mehr zurückkommt. Nie mehr! Ein paar Wochen später bin ich nachts auf die Toilette gegangen, und dort bin ich zusammengebrochen. Ich konnte einfach nicht mehr. Mühsam habe ich mich nach oben zu meiner Mutter geschleppt, sie hat mich dann versorgt und sich um Julian gekümmert. Ich war am Ende.

Seit vielen Jahren habe ich Morbus Crohn. Mein altes Leiden kam dann ganz extrem zurück; immer wenn ich Stress habe, macht sich der Darm bemerkbar. Meine Familie war meine einzige Unterstützung, meine beiden Schwestern und meine Eltern. Ich habe zwar alles allein erledigt, aber die Familie war für mich und Julian da. Ich habe zunächst nicht mehr gearbeitet, sondern erst wieder ein Jahr nach Stefans Tod, da ich auch noch meine Arbeitsstelle verloren hatte. Das war ein zusätzlicher Schlag und ich wusste nicht, wie es finanziell weitergehen sollte. Seit 2003 arbeite ich wieder, zur Zeit drei halbe Tage die Woche. Auf 450 Euro-Basis, zusätzlich zu dem Geld, das ich monatlich erhalte. Es muss einfach reichen. Was bleibt mir anderes übrig? Ich bin froh, dass ich wenigstens ein bisschen dazuverdienen kann. Gott sei Dank gehört uns das Haus, und ich muss keine Miete bezahlen. Trotzdem hatte ich große Sorgen, wie wir über die Runden kommen sollen.

Manches musste ich neu oder überhaupt lernen. Um manche Dinge habe ich mich früher ja selber nie gekümmert. Ums Auto zum Beispiel – Reifenwechsel, Ölstand, Batterie ein- und ausbauen – das war für mich völlig neu. Jetzt kann ich es. Aber ich bin nicht der Typ, der deshalb auf sich stolz ist. Eher der, der sich ziemlich viel abverlangt.

Stefan und ich waren insgesamt 24 Jahre zusammen, 18 davon waren wir verheiratet. Mein Mann war der Ruhige, ich eher die Nervöse. Stefan war wie eine alte deutsche Eiche, mit beiden Beinen voll im Leben. Den warf nicht so leicht etwas um. Ich hätte gedacht, er stirbt als Allerletzter von der ganzen Familie. Ganz bestimmt nicht als Erster, nie im Leben! Er rannte nie kopflos in irgendetwas hinein, alles war bei ihm durchdacht.

Unsere Beziehung war durch seinen Beruf sehr geprägt. Er hat wegen des Schichtdienstes zu allen Tages- und Nachtzeiten gearbeitet – mal daheim, mal nicht daheim. Ich musste mich damit abfinden, dass er auch vielleicht an Weihnachten nicht zu Hause war. Aber das war Normalität, das hat zu unserem Leben dazugehört. Trotzdem hatte ich auch Angst um ihn. Früher waren sie personell besser aufgestellt, dann wurde aus Sparmaßnahmen reduziert. „Was ist, wenn da mal so ein Durchgeknallter kommt und eine Waffe zieht?" Darüber habe ich oft mit ihm diskutiert. Zur Antwort bekam ich immer:

„Ach, mach dir doch darüber nicht solche Gedanken. Da passiert doch nichts! Wir sind doch mindestens zu zweit." Er hat mich immer wieder beruhigt. Als dann der Unfall passierte, dachte ich: „Ich habe das doch hoffentlich nicht heraufbeschworen?" Heute frage ich mich das nicht mehr. Ich brauchte nämlich meine ganze Kraft, um Julians und mein Leben aufrechtzuerhalten!

Julian ist ein ruhiger, zurückhaltender Mensch, schon von Natur aus. Ohne Vater aufzuwachsen hat ihn natürlich sehr geprägt. Vielleicht hat ihn das noch introvertierter gemacht. Er ist ein feinfühliger, fürsorglicher junger Mann. Wir haben ein sehr gutes Verhältnis. Der Verlust hat uns zusammengeschweißt. Er kommt so, wie er Zeit hat, nach Hause, seit er in Karlsruhe studiert. Wir sprechen immer noch oft über Stefan. In meiner Familie wird sein Tod nicht totgeschwiegen – im Gegensatz zu Stefans Elternhaus. Das war schon immer für mich, aber auch für meinen Sohn schwierig. Mit den Schwiegereltern konnte ich nicht über den Verlust reden. Es war ein sehr belastetes Verhältnis. Das ging so nach dem Motto: Nur meine Schwiegermutter hatte Stefan verloren. Sie wusste nichts Besseres, als immer wieder zu betonen: „Ihr habt ja keine Ahnung, wie sehr Stefan mir fehlt." Das erzählte sie ständig nicht nur mir, sondern auch meinem damals achtjährigen Sohn. Ihr Verhalten belastete unser Verhältnis ganz furchtbar. Sie bombardierte uns geradezu mit Anrufen, bei denen sie jammerte und heulte. Das besserte sich dadurch, dass ich mir psychologische Hilfe holte, um wieder auf einer normalen Basis mit den beiden umgehen zu können. Mittlerweile lebt mein Schwiegervater nicht mehr, und heutzutage habe ich wieder einen normalen Umgang mit ihr. Trost und Unterstützung habe ich damals nur von meiner Familie bekommen, nicht von der Gegenseite.

Beim Psychologen war ich einige Monate. Ich konnte ihm nicht nur alles erzählen, sondern er gab mir auch wertvolle Tipps, wie ich generell die schwierige Situation und die mit meiner Schwiegermutter bewältigen kann. Ich zog mich sehr von ihr zurück, denn sie wurde geradezu bösartig. Es kam heraus, dass sie für Julian ein Sparbuch angelegt hatte, worüber mein Mann Bescheid wusste, ich aber nicht. Durch die Bank wurde ich darauf aufmerksam. Als ich meine Schwiegereltern darauf ansprach, kam heraus, dass sie panische Angst hatten, ich könnte das Geld, das sie angelegt hatten, verprassen. Das hätte ich doch niemals getan! Ich war auch wütend auf Stefan, denn warum hat er mir das nie erzählt? Wurde es erst kurz vor seinem Unfall abgewickelt und er kam nicht mehr dazu, mir das zu sagen?

Mein Mann und ich haben über manche Dinge einfach zu wenig gesprochen. Wir hätten mehr über Gefühle reden sollen. Es war ja immer alles so selbstverständlich. Ich hätte es aber gerngehabt, dass er sich mir mehr öffnet. Meine Gefühle habe ich ihm gezeigt. Aber erst über seine Kollegen habe ich erfahren, wie wichtig wir ihm waren. Meine nachträgliche Erkenntnis ist, dass man in der Partnerschaft viel mehr miteinander reden sollte. Viel mehr!

Seine Kollegen haben mich über eine lange Zeit hinweg häufig besucht. Selbst der oberste Chef kam immer wieder, es war wirklich eine tolle Geste. Meine Schwestern und ich sind ganz anders erzogen worden als mein Mann und sein Bruder. Die beiden haben zu Hause nicht gelernt, Gefühle zu zeigen. Ich wusste, dass Stefan gern daheim war, das hat er genossen. Aber ich wäre auch mal gern verwöhnt worden – manchmal habe ich einfach den Kürzeren gezogen.

Ich habe mindestens zehn Jahre gebraucht, bis ich mich dem Thema „Partnerschaft“ wieder annähern konnte. Dreimal hatte ich bisher die Gelegenheit, jemanden kennenzulernen. Der Erste hätte sich, salopp gesagt, gern in das gemachte Nest gesetzt. Von Anfang an hatte ich das Gefühl, der Mann ist nicht ehrlich – da sind andere Frauen mit im Spiel. Das hat sich dann auch bestätigt. Mit dem Zweiten hätte ich mir eine Beziehung vorstellen können. Aber er war letztendlich zu feige. Es kamen dann von ihm kurzfristige Absagen und er zog sich zurück. Dass es nie zu einer Aussprache kam, hat mich sehr gekränkt, denn ich habe ihm vertraut. Der Dritte war verheiratet und wollte mich als seine Freundin. Aber das kam für mich nicht in Frage, ich bringe doch keine Ehe auseinander! Ich dachte: „Jetzt war ich so lange allein – ich will doch jemanden für mich haben und nicht die zweite Geige spielen." Ich schere nicht alle über einen Kamm, aber es ist wirklich schwierig, jemanden zu finden, mit dem es passt, zumal ich kaum aus dem Haus komme.

Seit fünf Jahren hat meine Mutter alle möglichen Krankheiten, und seit zwei Jahren ist noch die Diagnose Krebs hinzugekommen. Dadurch hat sich die Situation dramatisch verschärft. Da ich im selben Haus wohne, bin ich rund um die Uhr greifbar. Entlastung habe ich nur, wenn ich arbeiten gehe, und dann kommt der ambulante Dienst. Zeit für mich selbst habe ich wenig. Darum denke ich, ich hätte ja auch gar keine Zeit für einen Mann. Denn dann müsste es hier ganz anders laufen.

Ich tanze sehr gern, das macht mir viel Spaß. Aber dazu habe ich ja gar keine Gelegenheit. Mein Bekanntenkreis hat sich völlig zurückgezogen. Die wenigen, die ich kenne, wohnen woanders.

Manchmal denke ich, die anderen haben ein größeres Problem mit dem Thema „Tod" als ich. Sind es Berührungsängste? Haben sie Angst, ich würde gleich losheulen – was ich aber nie gemacht hätte. Eine gute Freundin meiner Mutter hat doch tatsächlich die Straßenseite gewechselt, als sie mich nach Stefans Unfall in der Stadt sah. Leute sind mir aus dem Weg gegangen. Das war hart. Ich wurde wie eine Aussätzige behandelt, als hätte ich die Pest. Die einzige Unterstützung waren die Arbeitskollegen meines Mannes.

Was mir gutgetan hat, war die Trauergruppe. Ich bin ungefähr ein Jahr lang dorthin gegangen. Der Psychologe damals hat mich darauf aufmerksam gemacht. Wir haben uns alle vier Wochen getroffen, ich war regelmäßig dabei. Wir saßen alle im gleichen Boot. Manche hatten ein Kind oder einen Elternteil verloren, andere wie ich den Partner. Die Erfahrung, dass es mit meinen Schwiegereltern so grausam lief, konnte ich mit der Gruppe ein bisschen ausgleichen. Ich konnte reden, oder auch nicht, heulen, oder auch nicht, oder einfach nur den anderen zuhören. Mit den beiden Frauen, die die Gruppe geleitet haben, hat sich sogar eine Freundschaft entwickelt.

Durch Stefans Tod hat sich die Spreu vom Weizen getrennt. Wer hält wirklich zu dir? Und wer hat einfach nur eine große Klappe? So viele Leute sagten: „Wir kommen und gucken nach dir!“ Bis heute war kein Mensch da. Das war eine schlimme Erfahrung. Irgendwann kommt der Punkt, da merkst du, du gehörst nicht mehr dazu. Selbst wenn viele Leute um dich herum sind, fühlst du dich allein.

Meine Konsequenz daraus war, dass ich alles allein hinkriegen muss. Kämpfen und nicht aufgeben. Julian war meine Rettung. Wäre er nicht gewesen, ich weiß nicht, was ich gemacht hätte. So hatte ich für ihn Verantwortung. Es gab viele banale Dinge, nach denen ich mich richten musste: Aufstehen, dem Kind Frühstück machen, es in die Schule schicken. Ich hatte depressive Zeiten, aber dem Jungen zuliebe raffte ich mich auf. Vielleicht hat mein Mann mir die Kraft gegeben, das durchzustehen. Oder der Herrgott? Ich weiß es nicht. Es gab Phasen, in denen ich nicht mehr konnte und auch nicht mehr wollte. Aber irgendwoher kam die Kraft, weiterzumachen.

Ich weiß, dass mich mein Mann begleitet hat. In verschiedenen Situationen erlebte ich, dass er da war. Vor allem in den ersten zehn Jahren nach seinem Tod fühlte ich immer wieder seine Gegenwart. Danach hat sich das verändert, die Distanz ist größer geworden. Ist er wiedergeboren worden? Oder konnte er nicht loslassen und kann es jetzt? Ich weiß es nicht. Aber ich merke, dass sich etwas verändert hat. Ich kann nicht genau beschreiben was, aber es ist eine Tatsache.

Als Julian und ich mit einem Ehepaar für einen Kurzurlaub nach Berlin geflogen sind, spürte ich dies ganz stark. Allein irgendwohin zu gehen war für uns beide schwer, auch noch viele Jahre nach dem Unfall, deshalb waren wir froh um die Begleitung. Wir sind zum Flughafen, und ich saß zum ersten Mal in einem Flugzeug. Wir warteten auf die Startgenehmigung, ich schaute zum Fenster raus aufs Rollfeld und sah dort eine Menschengruppe, die aus lauter Grenzschutzbeamten bestand. Ich starrte sie an, irgendwann kamen mir die Tränen. „Nur nicht hier losheulen!“, sagte ich mir. Langsam ging es dann endlich los. Julian saß am Fenster, ich neben ihm, und der

Platz neben mir blieb frei, obwohl das ganze Flugzeug voller Passagiere war. Nach vier Tagen in Berlin flogen wir wieder heim; und wieder war der Platz neben mir frei. Zu Hause verstärkte sich mein Gefühl: Stefan war mit uns dabei! Heute noch würde ich einen Eid darauf schwören, dass er auf uns beide aufgepasst hat.

Solch intensive Situationen hatte ich im Laufe der Jahre immer wieder. Wir haben von Stefans Kollegen ein Bild von ihm bekommen, auf dem er in Uniform zu sehen ist, und das habe ich ins Wohnzimmer gehängt. Wenn ich ein Problem hatte, habe ich oft mit ihm geredet, manchmal auch laut. Ich spüre, dass wir bis heute eine Verbindung zueinander haben.

Ich habe sehr viel über den Tod gelesen, das war meine Art der Trauerbewältigung. Meine Einstellung ihm gegenüber hat sich gewandelt, ich habe keine Angst mehr. Ich glaube, im Jenseits geht es uns besser als hier. Der Kampf, alles Schwere – ich denke, nach dem Tod wird es leichter.

Ich wünsche mir, dass mir noch ein paar Jahre bleiben, in denen ich mein eigenes Leben führen kann. Hoffentlich werde ich durch die anstrengende Situation zu Hause nicht selbst krank, sodass mein Sohn dann *mich* versorgen muss. Ich will nicht zu einer solchen Belastung werden, wie ich es gerade mit meiner Mutter erlebe. Mehr Freude, mehr Leichtigkeit, Ruhe und Frieden – das wünsche ich mir. Wie ich zu dem gelangen kann, weiß ich nicht. Vielleicht soll es einfach nicht sein, dass ich ein leichteres Leben haben kann. Oder sind es wirklich nur die Umstände?

Das Alleinsein macht mir manchmal schon sehr zu schaffen. Es wäre schön, mal wieder von jemandem in den Arm genommen zu werden. Julian wurde um ein Stück seiner Kindheit beraubt, von einem Tag auf den anderen musste er erwachsen werden. Ich hoffe, dass er ein glücklicher Mensch wird und ein leichteres Leben haben wird als bisher.

Ich habe vielleicht den Fehler gemacht, dass ich mich nach Stefans Tod lebendig begraben habe. Außerdem habe ich mich voll in die Arbeit gestürzt, oft über meine Grenzen. Ich konnte nicht anders. Das war nicht gut, nicht für mich und nicht für meinen Sohn.

Meine Erfahrung ist, dass die Gesellschaft einen sehr alleinlässt. Wenigstens habe ich mir bei der Beratungsstelle Unterstützung geholt, das war gut. Mein Fazit ist: Man sollte auf jeden Fall raus gehen und sich nicht daheim vergraben!

ICH LASSE ALLES ZU – AUCH DEN KREBS UND DEN TOD

Frau S., 53 Jahre alt, ein Sohn. Ihr Mann ist nach 30 Jahren Partnerschaft vor zwei Jahren an Gallengangkrebs verstorben. Die Treffen in einer Angehörigengruppe krebskranker Menschen halfen mit, die Krankheit zu akzeptieren.

Franz-Dieter ist im Januar 2014 an Gallengangkrebs erkrankt. Er hatte schon ein Jahr lang gelitten, aber keiner hat etwas gefunden. Und plötzlich war da ein neun Zentimeter großer Tumor in der Leber. Sofort Tumorkonferenz. „Inoperabel", so hieß es dann. „Bitte klären Sie Ihre Sachen, es geht noch ein halbes, maximal ein Jahr, wir können nichts für Sie tun." Aber Franz-Dieter hat sich ans Internet gesetzt und solange recherchiert, bis er jemanden in Regensburg gefunden hat, der ihn operierte. Das heißt, 2014 war die Diagnose, gestorben ist er 2018; er hat also noch viel Zeit gewonnen, die ihm die Ärzte eigentlich nicht prognostiziert hatten.

Dieser Krebs war ein Teil von uns, wie ein Kind; er war bei allem, was wir getan haben, in diesen vier Jahren ein Thema. Aber es war dennoch nicht so, dass wir nicht mehr lebensmutig waren. Ab August 2017 fing es dann an: Franz-Dieter ist morgens wach geworden und hatte den ganzen Körper voller Pickel, die gejuckt und geschmerzt haben. Die Ärzte vermuteten irgendeine Reaktion auf ein Medikament oder auf die Chemo. Er war so am Boden zerstört und ich habe gedacht: Das war's. Innerhalb von vierzehn Tagen habe ich ein Pflegebett bekommen. Jeder, der Franz-Dieter gesehen hat, dachte: Um Gottes willen! Doch dann kam nochmal die Energie. Er lag im Wohnzimmer, die Tür war offen, und jeder, der rein und rausging, kam dort vorbei und konnte „Hallo" sagen, „wie geht's dir?"

Paul, mein Sohn, ist jetzt zwanzig, er hat viele Freunde, die uns besuchten, und da kam nochmal richtig der Lebensmut. Aber ab Dezember hat man dann doch gemerkt, dass bei Franz-Dieter die Kraft nachließ und er nicht mehr viel Energie hatte. Urlaub war zwar ein Thema, aber man hat gemerkt, der Krebs nimmt überhand. Wir haben Weihnachten nochmal schön gefeiert, aber jeder wusste, das war das letzte Mal. Auch Silvester: das letzte Mal. Mein Sohn hat am 11. März Geburtstag: der letzte gemeinsame. Am 24. März, so kann man sagen, hat Franz-Dieter zugemacht. Er hat nichts mehr gegessen und dann auch bald nichts mehr getrunken. Nur noch die Schmerzpumpe. Es ging nicht lang, vom 24. März bis zum 10. April. Aber diese Zeit war so intensiv und kräftezehrend, ich weiß nicht mal mehr, wie ich das geschafft habe. In einer Hinsicht bin ich ein Unikum: Ich kann immer schlafen. Ich lege mich in mein Bett, lege meinen Kopf auf das Kissen und bin weg. Egal, wie schlecht es mir – oder einem anderen – geht. Das hat mir sicher auch viel Energie gegeben. Ich konnte für ihn und für unseren Sohn da sein. Aber mittendrin fragte ich mich, wo ich diese Kraft eigentlich hernahm. Franz-Dieter hat mir in den letzten Tagen auch noch viel gegeben, obwohl er bereits manche Aussetzer hatte. Am 24. März meinte ich: „Du musst mir gratulieren, ich habe Geburtstag!" „Nein, nein, du hattest gestern Geburtstag!" Er war so stur und hat mir nicht gratuliert. Sein Kopf arbeitete eben nicht mehr richtig.

Der 10. April war ein ganz besonderer Tag. Um sechs Uhr bin ich ganz normal aufgestanden. Ich habe gemerkt, dass seine Atmung weniger geworden war. „Guten Morgen!", sagte ich und ging zur Toilette. Nach zehn Minuten setzte ich mich zu ihm, nahm seine Hand und sagte: „Ich bin da, alles ist gut. Paul und ich, wir sind sicher, du darfst gehen." Seine Augen waren zu, aus dem Mundwinkel kam etwas Blut. Aber für mich war es nichts Schreckliches, er war immer noch mein Mann. Ich merkte, dass die Körperfunktionen aufgehört hatten. Um 6 Uhr 30 ist er dann gestorben. Ich habe noch zwanzig Minuten bei ihm gesessen; ich wollte, dass seine Seele gehen darf. Dann habe ich meinen Sohn geweckt, und um sieben Uhr habe ich eine Nachricht geschrieben: „Franz-Dieter ist gegangen, die Tür ist offen, ihr könnt alle kommen." Die Ersten kamen gleich um halb acht.

Den ganzen Tag haben wir mit Franz-Dieter verbracht. Das Wetter war sonnig, das Fenster offen und er war nie allein. Jemand saß immer bei ihm. Mittags sind ein paar Leute in die Küche gegangen und haben etwas zum Essen gemacht. Als ich den Arzt wegen des Totenscheins anrief, fragte der, ob ich ein Beruhigungsmittel brauche, aber ich lehnte ab. Auch Paul ging es soweit gut. Erst um sechzehn Uhr habe ich dann den Bestatter angerufen; ihn bat ich, meinen Mann so spät wie möglich zu holen. Wir einigten uns auf einundzwanzig Uhr. Es kamen ja noch Freunde, die mussten arbeiten und konnten erst später kommen. Ich musste kaum weinen, denn ich hatte immer das Gefühl, dass das alles richtig war. Freunde und Verwandte, alle waren da. Wir konnten ihm wirklich einen sehr schönen Abschied bereiten. Meine Schwiegermutter hat sich den ganzen Tag über bei mir bedankt: „Danke, dass es hier so läuft!", sagte sie, und dann wieder: „Ich geh nochmal zu ihm rein." Sie konnte ausgiebig Abschied von ihrem Sohn nehmen, das war ganz wichtig.

Als sein Leichnam fort war, war ich wie benebelt. Die Menschen um mich herum haben das nicht gemerkt. Die nächste Zeit bin ich weiterhin arbeiten gegangen und habe meinen Haushalt gemacht – obwohl er mir zuwider war. Es war schwer, diese normalen Sachen zu erledigen. Arbeiten war okay, man braucht schließlich das Geld. Aber zum Spülen, Kochen, Waschen musste ich mich überwinden. Das ist noch heute manchmal so. Ja, Franz-Dieter fehlt mir ... Oft führe ich Gespräche mit ihm, besonders wenn bei Paul und mir irgendwelche Veränderungen anstehen. Dann sagen wir immer: „Und was hätte Papa – oder Franz-Dieter – jetzt gesagt?" Er hätte zum Beispiel geraten: „Gebt nicht so viel aus, haltet euer Geld zusammen!" Ich habe ihn also irgendwie weiterhin bei mir. Ich schlafe nach wie vor gut, aber dieses Allein-ins-Bett-Gehen, das Aufstehen, das ist schwer, da frage ich mich: Wird sich das jemals ändern?

Zu Weihnachten und Silvester kriegt man ja jede Menge E-Mails und Post, und zwei Frauen wünschten mir eine „neue Liebe". Was? Stopp, nein, das geht nicht! Das geht gar nicht! Das haben sie natürlich gut gemeint, aber für mich war das völlig undenkbar. Franz-Dieter ist doch ein Teil von mir, und das so lange schon. Was nicht heißt, dass ich nicht tanzen gehe, das mache ich, das habe ich davor gemacht und das mache ich immer noch. Diese Post kam vor einem Jahr, aber das Gefühl ist immer noch dasselbe. Ich bin noch am Trauern. Wir kannten uns dreißig Jahre. Jede Veränderung, jede Entscheidung haben wir miteinander besprochen. Das fehlt mir dermaßen, dass ich manchmal nicht atmen kann! Ein Kloß steckt in mir und ich denke, das wird sich nie ändern, das wird ein Teil von mir bleiben. Damit muss ich leben. Die Sehnsucht nach ihm, die Zerrissenheit werde ich für immer behalten. Wenn ich zum Beispiel etwas mache, was eher sein Ding war, dann habe ich manchmal so wenig Kraft dafür. Das Autofahren ist kein Problem, das habe ich immer übernommen, ob in Australien, Dänemark oder sonst wo – Autofahren fand er blöd, das war meine Sache. Aber der Garten, um den hat er sich gekümmert. Was soll ich sagen – der Garten ist nicht schön! Jeder würde sagen: „Ach, was für ein uriger, naturbelassener Garten!" Na ja, er ist ungepflegt. Wie hat *er* es denn eigentlich immer gemacht? Die Tomaten zum Beispiel: Wann und wie schnippelt man da was weg? Da bin ich gehemmt, ich habe das Gefühl, das ist sein Job und nicht meiner. Oder auch, wenn es um gemeinsame Bereiche geht wie beim Kochen. Mein Sohn hat kein Interesse daran, das haben Franz-Dieter und ich gern zusammen gemacht. Es kann passieren, dass ich da so sitze, meine Kartoffel schäle und anfange zu heulen. Ein anderer mag dann denken: „Was hat sie denn jetzt schon wieder!" Der Alltag fängt nun wieder an, normal zu werden, zur Arbeit gehen, Haushalt und so, und trotzdem gibt es immer wieder Momente, in denen ich so „hinten runterfalle" und dann sage: „Paul, heute koche ich nicht, wir holen uns 'ne Pizza."

Kennengelernt haben Franz-Dieter und ich uns 1987; die ersten neun Jahre führten wir eine Wochenendbeziehung, und dann bin ich zu ihm gezogen. Ein Jahr später haben wir geheiratet, ein Jahr später bin ich schwanger geworden und dann kam Paul.

Franz-Dieter war sehr dominant, aber ohne mich klein zu machen. Er war mein Fels in der Brandung, wie man so schön sagt, und das fehlt mir natürlich auch. Er hatte eine polternde, laute Art, sodass die Leute manchmal sagten: „Dagmar, wie hältst du das nur aus?" Aber ich kam immer gut mit ihm zurecht: „Nun hört ihm doch einfach mal zu, er sagt nämlich immer das Richtige, auch wenn der Ton vielleicht nicht immer stimmt … Aber hört mal, *was* er sagt!" Auch seine

Tipps fehlen mir, eine Aufmunterung, wenn mal was schiefging. Er war wie ich Reiseverkehrskaufmann. Anderen muss ich immer erst ein Riesenbeiwerk erzählen, das war bei ihm nicht nötig. Seine Ideen, seine Kreativität ... Ich bin überhaupt nicht kreativ. Wenn ich mal was schön dekorieren will, frage ich mich: „Wie soll ich das jetzt am besten machen?“ Er fehlt mir eigentlich den ganzen Tag. Aber dann wiederum auch nicht. Manchmal ist es nur ein kurzer Moment, und dann mache ich einfach wieder weiter.

Ich glaube, was mir besonders hilft ist, dass ich das alles zulasse. Ich habe auch den Krebs zugelassen. Am Anfang, im Januar, als er die Diagnose bekam, bis er im März operiert wurde, da hat es sich so entwickelt, dass der Krebs ein Teil von uns wurde. Ich habe ihn nicht verleugnet – was Franz-Dieter gern gemacht hätte. Er hätte am liebsten nicht darüber gesprochen. Nach der Diagnose hat er sofort gesagt: „Ich brauche psychologische Hilfe, ich suche jemanden, denn das schaffen wir als Paar nicht.“ Dann hat er mich zur Selbsthilfegruppe geschickt, ich sollte auch Beistand haben. Aber er wollte nicht, dass es publik wird. „Stopp, ich werde es in meinem Dunstkreis erzählen. Du kannst mir das nicht verbieten!“, wehrte ich mich. Er hätte gern den Krebs überlebt, um dann im Nachhinein zu sagen: „Ach, übrigens, ich hatte Krebs, aber ich bin geheilt.“ Das war sein Wunschsatz. Dies erzählte ich mal einer Frau, die dann weinte, während ich davon sprach, und sie sagte, sie habe ihrem Mann versprochen, *niemandem* von seiner Krankheit zu erzählen. Als er dann verstorben war, waren alle Leute böse auf sie, weil sie es nicht gesagt hatte; im Endeffekt haben selbst ihre Kinder sie nicht mehr besucht. Durch den Schwur, auf dem ja *ihr Mann* bestand, sind diese Beziehungen zerbrochen, obwohl sie selbst das gar nicht wollte.

Ich habe versucht, den Krebs von Anfang an zu akzeptieren. Selbst wenn ich auf einer Party war, sagte ich: „Leute, eine halbe Stunde rede ich jetzt mal über Franz-Dieter; wollt ihr das jetzt am Anfang oder erst am Ende? Und dann machen wir Party.“ Ich habe sie informiert, wo wir gerade stehen: wie ist es mit der Chemo, ist alles soweit okay, kann er arbeiten oder nicht ... Die Infos habe ich stoisch weitergegeben, danach war das Thema abgehakt.

Als ich in die Selbsthilfegruppe kam, hatten viele Probleme damit, dass ihr Umfeld das Thema am liebsten ignorierte, manche machten sogar die Erfahrung, fallengelassen zu werden. Freunde hatten sich abgewendet, hatten plötzlich keine Zeit. Ich saß da und sagte: „Sorry Leute, dass ich das jetzt sagen muss, aber von mir hat sich nicht ein Mensch abgewendet." Mit Franz-Dieter habe ich viel darüber geredet, und ich fragte ihn: „Warum ist das bei mir anders?" Und er sagte: „Weil du den Krebs annimmst. Du hast ihn akzeptiert. Deine Augen, deine Stimme signalisieren: Das ist jetzt eben so."

Ich weiß nicht, warum Krebs bei dem einen ausbricht und bei dem anderen nicht; ich habe nicht mit Gott gehadert. Meinen Kolleginnen und Freunden gegenüber war ich offen: „Ich kann nicht mit euch verreisen, ich muss nach Franz-Dieter schauen!" Das hat auch jeder so akzeptiert. Trotzdem konnte ich fröhlich sein, mal tanzen oder ins Kino gehen. Ich glaube, wenn ich ein Heuli-Mädel gewesen wäre, auf die Art: „Mein Mann hat Krebs, ich kann nicht mehr! Ich bringe mich um", dann hätte er es auch nicht so lange geschafft. Ich bin ein starker Mensch, aber ich lasse mich auch mal gern fallen und sitze auch schon mal bei einer Freundin und weine und lasse mich in den Arm nehmen. Das genieße ich dann auch. Es ist nicht so, dass ich immer schnell auf die Toilette gehe und meine Tränen wegtupfe und dann wieder stark rausgehe. Ich sage auch schon mal: „Heute ist kein guter Tag, heute geht nichts."

Dann wiederum denke ich: Es gibt Menschen, die keine dreißig Jahre mit ihrem Partner hatten, durch Scheidung, Unfall oder was auch immer ... Ich bin glücklich, dass ich die vielen Jahre mit ihm hatte.

Franz-Dieter hat jeden Tag gekämpft. Er ist im Ruheforst beerdigt, hat also kein normales Grab. Er war nicht Mitglied einer Kirche, ich bin es auch nicht; an seinem Platz steht: „Wer zur Quelle will, muss gegen den Strom kämpfen." Das war sein Slogan beim Krebs. Wenn der eine Arzt sagte: „Nein, so geht das nicht", dann sagte Franz-Dieter: „Alles klar, ich frage den nächsten." Dass er so gekämpft hat, hat mich natürlich auch bestärkt. Er hat viele tolle Sachen in der Zeit gemacht, und er hat auf sich geachtet. So hat er mit Qigong angefangen, sich Gruppen gesucht, auf die Ernährung geachtet; und immer, wenn Chemo war, hat er gefastet. Alle alternativen Dinge, die es zusätzlich gibt, hat er genutzt, auch wenn die Ärzte nicht so dafür waren und fanden, das sei Quatsch. „Was denn", sagte er dann, „ich mache doch Ihre Chemo. Was ich zusätzlich mache, das kann Ihnen doch egal sein." Und tatsächlich hat er ja um einiges länger gelebt als vorhergesagt. Hätte ich die Diagnose bekommen, ich hätte es ganz anders gemacht. Ich hätte mir die Rente auszahlen lassen und ein halbes Jahr lang Party gemacht.

Der Beerdigungstag selbst war auch sehr schön; es war sonnig, und die Trauerrednerin war ganz toll. Wir haben alles so gemacht, dass er auf jeden Fall mit allem einverstanden gewesen wäre. Zu wissen, dass das richtig war, gibt mir viel Kraft.

Man sagt ja immer so, man kommt in den Himmel. Aber ich glaube nicht an ein Leben nach dem Tod. Ich glaube, wir kommen einmal auf diese Erde und gehen dann wieder. Aber wenn ich an diese Person denke und über sie spreche, dann lebt sie wieder. Das ist für mich die Bedeutung von einem „Leben nach dem Tod". Dass Franz-Dieter immer ein Teil von mir sein und bleiben wird, das hilft mir. Meistens ziehe ich daraus eine Stärke.

Ich komme aus Frankfurt, aus der Großstadt, und bin nicht so der Naturtyp. Aber wenn ich jetzt in meinem „ungepflegten" Garten sitze, dann kann ich die Umgebung als Energie für mich aufnehmen, was ich früher immer ein bisschen abgetan habe. Oder wenn ich bei „seinem" Baum bin, wo er beerdigt ist, hole ich viel Kraft. Dass wir ein Teil der Natur sind, habe ich inzwischen mehr verinnerlicht, seit er gegangen ist. Auch dass alle Freunde noch für mich da sind und sich keiner abgewendet hat, gibt mir Kraft. Wir haben einige Paare unter den Freunden, die ich gefragt habe, ob es in Ordnung ist, wenn ich weiterhin dabei bin, auch als Single. „Na klar!“, sagten sie. Wenn ich neue Leute kennenlerne, macht es mir eher etwas aus, dass er nicht mehr da ist.

Ich habe mich nicht gegen den Krebs gewehrt, aber ich wehre mich auch nicht dagegen, wenn andere Dinge passieren. Denn es kam vor, dass ich morgens so dasaß und einfach zu nichts fähig war. Einmal hatte ich einen Tag lang ein Burn-out. Ich habe nichts gemacht, einfach nichts, und das habe ich dann auch angenommen. Nach 24 Stunden war es wieder vorbei. Ich habe es auch nicht hinterfragt. Franz-Dieter sagte immer: „Du hast so eine natürliche, naive Art.“ Ich nehme die Dinge eben einfach so hin und denke mir: „Schauen wir mal.“ Ich mache kein Fass auf: „Es ist okay. Ich lege mich jetzt hin und irgendwann wird es schon wieder besser werden.“ Schlafen, schlafen, schlafen. Die Nächte sind damit gefüllt, und zwar ohne Albträume. Auch ohne Schlafmittel.

Franz-Dieter kam relativ schnell zu dem Verein „Leben mit Krebs“, und da gab es einen Termin, ich glaube einmal im Monat, zu dem Angehörige mitgehen dürfen. Als wir dort waren, haben eigentlich nur die Krebspatienten geredet. Ich habe mich sehr unwohl gefühlt – das Thema Krebs war mir zu dominant und auch zu egoistisch gedacht. So auf die Art: „Ich hab Krebs, ist mir doch egal, was die andere Person denkt, ich mach das jetzt. Ich fahr jetzt in Urlaub ...“ Ich saß nur kopfschüttelnd da und dachte: „Leute, so kann man doch nicht mit einer Krankheit umgehen. Und auch nicht mit seinem Partner!“ Als wir wieder nach Hause kamen, sagte ich: „Franz-Dieter, so bist du nicht, und so will ich dich auch nicht haben. Ich habe doch auch Wünsche und Bedürfnisse. Sei mir nicht böse, aber da gehe ich nicht mehr hin.“ Stattdessen ging ich zum ersten Treffen einer Angehörigengruppe von krebskranken Menschen. Zuerst waren wir nur zu dritt, beim nächsten Mal dann zu fünft, so hat sich das gesteigert. Es wurde gefragt: „Was erwartest du von der Selbsthilfegruppe?“ Und ich habe geantwortet: „Ich erwarte, dass wir uns gegenseitig begleiten, wenn jemand da ist, der gerade die Diagnose erfahren hat.

Aber auch, wenn jemand kommt und sagt: Mein Mann ist tot." Jeder ist in einer anderen Phase. Wir sind alle drin: in der Chemo, in der OP ... Ich wollte Austausch, denn wir werden vielleicht alle diesen Weg gehen, vom Beginn bis zum Ende. Und wenn jemand mittendrin wieder krebsfrei ist, dann ist es perfekt. Wir haben es einmal versucht ohne eine Person, die den Überblick hat, zu machen, aber das klappte nicht so gut. Es gab dann doch zu viele Frauen, die gern reden, sodass andere nicht zu Wort kamen. Seit wir Christiane wieder dabei haben, klappt es optimal. Sie pickt immer irgendwas raus, mal eine Geschichte aus einem Buch, einen Spruch oder eine passende Bastelidee. Wir haben immer eine Phase, in der jeder sagen kann, wo er gerade steht, welche Probleme er hat. Ich weiß, dass jeder mich so nimmt, wie ich bin. Da muss ich um nichts kämpfen.

Als Franz-Dieter dann 2018 gestorben war, hatte ich etwas Bedenken, aber die anderen haben gelacht: „Nix da, du kannst solange kommen, wie du willst." Gerade ist eine Neue dazugekommen, sie und ihr Mann haben gerade erst die Diagnose bekommen, und da konnten wir ihr gleich ein paar Tipps geben: dass sie was für sich tun soll, aber nicht nur für sich. Es ist ja gut, sich zu fragen: Mein Mann ist sehr krank, und was will ich, wo geht mein Leben nun hin? Das ist legitim. Trotzdem rate ich auch, dass man auch auf die Familie guckt, denn die Krankheit ist ein Teil der ganzen Familie. Und auch der Tod! Er betrifft ja nie nur eine Person, sondern alle. Ich sah mich nie als Mittelpunkt im Sinne von: „Ich bin die Witwe, ich brauche ..." Ich glaube, es hilft einem, sich auch auf die anderen einzulassen und nicht nur an sich zu denken.

Es kam allerdings einmal vor, dass ich den Vorwurf bekam, ich wäre „zu gut drauf". Eine Frau fand, es gehört sich in dieser Situation nicht, wenn jemand so von innen heraus strahlt und auch mal lustig ist. Ich habe mich erst einmal entschuldigt, da ich ihr Gefühl respektieren wollte, und versuchte, mich mehr zurückzunehmen. Aber Optimismus ist ein wichtiger Teil von mir! Bei mir ist das Glas immer halb voll und nicht halb leer. Seither versuche ich, mit ihr Blickkontakt aufzunehmen und einzuschätzen, wie es ihr denn heute so geht. Es gab inzwischen schon Tage, an denen wir beide zusammen viel gelacht haben. Aber sie hat diese Krankheit nicht als einen Teil angenommen, sondern sieht sie als Gift, das ihre Familie zerstört. Wenn sie einen schlechten Tag hat, dann nehme ich mich also zurück, trinke meinen Tee und kommentiere nur ein bisschen – und sage auch mal gar nichts. Ich finde es in Ordnung, dass sie das gesagt hat. Das kriegen wir in der Gruppe sehr gut hin.

Es fällt mir noch schwer zu akzeptieren, dass der Platz neben mir frei ist. Es gibt Situationen, die ich bewältigen muss, weil Franz-Dieter sich vielleicht bisher darum gekümmert hat, und jetzt muss ich es tun. Aber ich breche nicht weg, es wirft mich nicht um. Ich glaube, die ersten neun Jahre, in denen wir eine Wochenendbeziehung hatten, haben mich sehr geprägt. Obwohl wir ein Paar waren, hat jeder von uns seine Eigenständigkeit immer bewahrt.

Ehrlich gesagt, war bei uns an erster Stelle immer die Arbeit. Ich versetze bei der Arbeit keine Berge, aber die Kunden sind mit mir zufrieden, ich kann meinen Bereich ausfüllen und bin damit sehr glücklich. Wenn ich nicht mehr arbeiten könnte – das wäre für mich die Hölle auf Erden. Trotzdem werde ich mich darauf freuen, wenn ich irgendwann in Rente gehen kann, ganz klar.

Diese Krankheit hat uns etwas zurückgegeben, was man im Alltag schnell verliert. Der Trott hat uns mitgerissen. Die Zweisamkeit ging verloren. Mit der Diagnose habe ich ihn, meinen Franz-Dieter, wieder zurückbekommen. Es kam wieder eher vor, dass er mal sagte: „Heute gehen wir zum Essen aus. Wir haben zwar kein Geld auf dem Konto, aber das machen wir jetzt." Wir haben wieder neu auf das Leben geguckt und sind bewusster damit umgegangen. Das Sicherheitsdenken wurde weniger, das hat mich früher nämlich manchmal an ihm genervt.

Ich finde es wichtig, dass man nicht erst, wenn der Partner verstorben ist, Gesellschaft sucht. Habe ich meine Freunde? Bin ich mit meinem Job zufrieden? Käme ich auch allein zurecht? Das sollte man immer wieder im „normalen" Alltag überprüfen. Eine Hausfrau, die immer zu Hause war, hat ein ganz anderes Schicksal. Aber sie muss unter Umständen auch wieder allein für sich sorgen können.

Ich finde, in unserer Gesellschaft sollten wir den Tod mehr an uns ranlassen.

Vor fünfzig Jahren, wenn ein Kind geboren wurde, dann blieb die Tür zu, der Arzt und die Hebamme waren bei der Mutter, aber sonst keiner. Aber wenn jemand starb, dann kam das ganze Dorf vorbei. Der Tote wurde drei Tage lang aufbewahrt, man konnte „Tschüss" sagen, Blümchen hinlegen, die Hinterbliebenen trösten. Das hat sich total geändert. Heute kannst du die Geburt mitverfolgen, da ist ja manchmal Party angesagt. Jeder kann dabei sein. Wo bleibt da die Intimität? Doch beim Tod machen wir die Türen zu.

Ein junger Freund von Paul ist bei einem Motorradunfall verstorben, er war zwanzig Jahre alt. Mir hat es leid getan, dass ich ihn nicht mehr sehen konnte. Deshalb war ich auch so froh, dass alle jungen Leute, die Paul kannte, da waren, als Franz-Dieter verstorben war. Sie konnten ihn nochmal am Arm berühren und sich von ihm verabschieden.

Ich würde jedem raten: „Bleibt an dem Tag, wenn der Partner verstirbt, nicht allein. Macht die Tür auf, lasst die Leute kommen! Nehmt den Tod an."

KÖNNEN WIR BITTE *NORMAL* MITEINANDER UMGEHEN?

Herr F., 72 Jahre alt, zwei Kinder. Seine Ehefrau ist vor sechs Jahren nach 48 Jahren Ehe an Bauchspeicheldrüsenkrebs verstorben. Die Besuche im Trauercafé halfen, doch die fehlenden Gesprächspartner machen ihm das Alleinsein schwer.

So wie jeder anders lebt, stirbt auch jeder anders. Es war in der Nacht und unsere älteste Tochter saß bei Maria am Bett, als sie plötzlich sagte: „Ich glaube, jetzt ist Mama gerade verstorben!" So war es auch. Der Pflegedienst kam am Morgen und half, ihr frische Kleider anzuziehen. Friedlich lag sie da. Morgens kam der Hausarzt. Auch die Enkel kamen, und der Fünfjährige malte ein Bild, das zeigt, wie die Oma verstorben ist.

In der Stube steht seither ein großes Bild von ihr.

Maria hatte ab und zu Herzrhythmusstörungen. Sie ließ sich Blut abnehmen, und es hieß, es sei alles gut. „Keine Angst, mit dem kleinen Fehler kann man leben." Wir waren glückselig. Kurz bevor wir ins Bayerische in den Urlaub wollten, sagte sie plötzlich: „Im Bauch fühle ich mich gar nicht wohl. Ich gehe mal besser zum Arzt."

Weder wir noch der Arzt rechneten mit irgendetwas Besonderem. Ahnungslos machten wir noch einen Besuch beim Augenarzt und waren guter Dinge. Doch als wir nach Hause kamen, war die Stimme des Arztes auf dem Anrufbeantworter: „Frau Fuchs, Sie müssen sofort ins Krankenhaus. Ihre Blutwerte stimmen ganz und gar nicht." Der Facharzt in Freiburg war eine Kapazität – aber er konnte nichts mehr machen. „Derzeit ist eine OP ausgeschlossen", sagte er, denn der Krebs saß so blöd, dass er nicht operabel war. Der Arzt schlug eine Chemotherapie vor.

Die ersten zwei Chemobehandlungen hat Maria gut vertragen, trotzdem waren sie anstrengend. Die Haare gingen ihr aus. Sie bekam eine Perücke, die fast identisch mit ihrem Naturhaar war. Ich bewunderte sie dafür, wie gleichbleibend ruhig und positiv sie war. Bis zum Tod lächelte sie, wie man auf allen Bildern sieht.

Bevor die endgültige Diagnose kam, gingen wir im Park spazieren und waren eigentlich guter Dinge, denn das Verrückte war ja, dass Maria körperlich gar nichts gemerkt hat. Wie sollte man den Ernst der Lage wirklich kapieren? Und dann kam die vernichtende Nachricht.

Maria wurde in kurzer Zeit immer schwerer, sie bekam dicke Beine durch die Wassereinlagerungen. Bei einer Nachuntersuchung wurde festgestellt, dass die Chemotherapie nichts gebracht hat. „Gehen Sie nach Hause“, empfahl der Arzt. „Ich nehme Sie ein anderes Mal stationär auf.“ Die Ärzte waren alle sehr nett und auch ehrlich. Besonders eine Ärztin war geradezu ein Engel. Sie war liebevoll und einfühlsam, und sie war die Überbringerin der Nachricht, dass es zu Ende geht. Sehr lange hat sie mit meiner Frau gesprochen. Es war eben ein sehr aggressiver Krebs. Ich verstehe nicht, wie Maria die Nachricht so gelassen aufnehmen und immer noch lachen konnte. Um mit solch einer Situation zurechtzukommen, ist es zunächst wichtig, *wie* die Ärzte einem vermitteln, dass es zu Ende geht. Dann muss es einen Zeitpunkt geben, an dem der Tod angenommen wird, an dem der Patient sagt: „Lieber Gott, jetzt ist es gut“, und nicht mehr gehadert wird.

Dann fragte uns die Ärztin: „Wie geht es weiter?“ Wir wollten nicht, dass Maria ins Hospiz geht, sondern dass sie zu Hause bleibt. In unserer Familie kommen alle gut miteinander aus und alle halfen mit. Es war immer jemand bei ihr, sie war niemals allein. Eine unserer Töchter lebt mit ihrer Familie im selben Haus, die andere etwas entfernter. Diese drei Wochen, die wir noch zusammen hatten, möchte ich nicht missen. Der Hausarzt kam regelmäßig und stellte die Medikamente ein. Wenn Besuch kam, setzte sich dieser auf das Sofa, Maria lag im Bett und bekam alles mit. Die Enkelin hat ihr nach der Schule immer etwas vorgelesen. Auch in der Nacht haben wir uns abgewechselt, einer war auf dem Sofa, der andere neben ihr am Bett. Sie hat weiterhin an allem Anteil genommen, fast nie geweint oder sich beklagt. Nur einmal hat sie gesagt: „Weißt du, ich würde ja schon gern dableiben …“

Zwischen der Diagnose und ihrem Tod blieben uns fünf Monate.

Meine Schwägerin empfahl mir, ins Trauercafé zu gehen. Zuerst war ich nicht sicher, ob es das Richtige für mich ist. Aber es hat mir gutgetan, mit anderen zu reden, denen es ähnlich ging; bei manchen lag der Tod des Partners schon viel länger zurück. Denn sonst kann man eigentlich mit niemandem darüber reden. Ich glaube, manche Leute trauen sich nicht, zu dem Trauernden etwas zu sagen. „Wie geht's dir? Gut, oder?", heißt es dann oft. Manchmal habe ich so darauf reagiert: „Gesundheitlich geht's mir gut. Aber es ist eine beschissene Sache, wenn dir jemand wegstirbt."

Das Gute ist, dass immer Fachleute im Trauercafé dabei sind, die passende Fragen stellen, und dann geht es wieder weiter im Gespräch. Es sind dort übrigens weniger Männer als Frauen und sie kommen auch unregelmäßiger. Zuhören und Nachfragen können die wenigsten!

Warum kommt eigentlich der Nachbar, den man doch schon so lange kennt, nicht *einmal* vorbei? Das hat mich enttäuscht. Ich würde mir wünschen, dass mehr Leute Anteil nehmen, denn ein Trauernder wird zu einem Nichtbetroffenen nie sagen: „Ich brauche dich, komm doch mal vorbei." Man möchte den anderen nämlich nicht belasten. Es macht einen großen Unterschied aus, ob man sich mit Menschen unterhält, die jemanden verloren haben oder nicht; wer die Situation nicht kennt, redet eher belangloses Zeug. Vielleicht denken die Leute auch einfach: „Der schafft es doch so oder so." Bevor ich mich aber jemandem anvertraue, der es nicht hören will, gehe ich lieber allein spazieren. Dass mir so oft zum Heulen zumute ist, sieht man mir nicht an. Meine Trauergefühle haben sich nicht geändert, obwohl Marias Tod doch schon ein paar Jahre her ist. Ich habe daraus gelernt, dass ich andere, die jemanden verlieren oder in Trauer sind, darauf anspreche. So wie gerade einen Bekannten, dessen Frau im Sterben liegt. Da kann man nicht sagen: „Es wird schon wieder werden." Man kann eigentlich gar nicht viel dazu sagen, aber ich finde, man muss ganz natürlich darüber reden: „Ich würde dir gern was anderes sagen, aber so ist es eben: Es ist beschissen, und das tut mir wirklich leid für dich."

Unter der Woche koche ich für die Familie. Früher haben Maria und ich es zusammen gemacht, und jetzt koche ich eben allein jeden Tag für fünf Leute, außer am Wochenende.

An einem Sonntag wollte ich zum Essen ausgehen. Doch wohin? Was dann kam, fand ich ganz furchtbar. Ich war es natürlich nicht gewohnt, allein in ein Lokal zu gehen. Da fragt man sich: „Wo soll ich mich hinsetzen?" Vielleicht gucken einen die Leute an und denken sich: „Was will der denn? Der will sich doch hoffentlich nicht zu uns setzen?" Ich fand einen einzeln stehenden Tisch, an den ich mich setzte. Aber es war schlimm. Es kam auch schon vor, dass ich wieder umgekehrt bin, weil ich es nicht ertragen konnte, all diese gutgelaunten, zufriedenen Menschen zu sehen. Ich empfand mich als Störenfried, der nicht dazu gehört. Als ich einmal in einer Gartenwirtschaft saß, waren an meinem Tisch noch vier Stühle frei. Jedes Mal, wenn neue Gäste kamen, setzten sie sich woanders hin. Ich verstand das nicht: „Sollte ich mal in den Spiegel gucken? Ist irgendwas mit mir nicht in Ordnung?" Ich wünsche mir, dass man normaler miteinander umgeht. Dass zum Beispiel ein Ehepaar, das an einem Vierertisch sitzt, einen auffordert: „He, setzen Sie sich ruhig zu uns." Vielleicht müsste auch ich selbst mutiger werden und fremden Leuten Zeichen geben und sie zu mir an den Tisch winken. Wenn man zu zweit ist, denkt man sich ja gar nichts, aber wenn man allein ist, wird das zu einem Riesenproblem. Ich gehe nach wie vor, wie früher zusammen mit Maria, auf den Markt und treffe mich hinterher mit Bekannten in einem Café. Aber beim Einkauf selbst, wenn ich die Leute sehe, die zusammen einkaufen, da fühle ich mich wie eine blinde Henne, die hilflos herumtappt.

Bei uns im Ort wurde eine Nachbarschaftshilfe aufgebaut, an der ich mich nun beteilige. Ich kümmere mich einmal die Woche ein, zwei Stunden um einen Nachbarn, der Hilfe braucht, bis seine Frau nach Hause kommt. Er freut sich darüber – und ich kann mich nützlich machen.

Die Kirche ist wichtig für mich, und auch wenn ich manchmal zweifele – ich *versuche*, zu glauben. Ich denke auch, dass es nach meinem Tod ein Wiedersehen mit Maria geben wird. Wir haben uns in der katholischen Jugend kennengelernt. Alles machten wir zusammen, im Berufsleben arbeiteten wir sogar die letzten 17 Jahre zusammen.

Ich versuche oft, über Maria zu reden, denn mir fällt auf, dass man im Allgemeinen wenig über Verstorbene spricht. Aber wir sollten sie nicht vergessen! Manches betrachte ich heute distanzierter, und meine Mitmenschen kritischer. Anderes nehme ich nicht mehr so wichtig. Ich denke auch darüber nach, wie es mir einmal gehen mag, sollte ich einmal schwerkrank werden. Wie werde ich damit klarkommen? Maria ist mir darin jedenfalls ein Vorbild.

Nochmal eine Beziehung eingehen, kommt für mich nicht in Frage – ich möchte mir das nicht einmal vorstellen! Wenn das andere gleich nach dem Tod des Partners können, erstaunt mich das. Aber es ist deren Sache, das beurteile ich nicht.

Möchte ich überhaupt, dass die Trauer je aufhört? Dass ich den Verlust nicht mehr als schmerzlich empfinde?

Möchte das überhaupt jemand?

EIN ANONYMER BRIEF

Frau S., 58 Jahre alt, zwei Kinder. Ihr Mann ist vor sechs Jahren an Darmkrebs verstorben. Ein verleumderischer anonymer Brief stellte eine große Belastung in der Trauerzeit dar.

Klaus sagte einmal zu mir, als er schon krank war: „Wenn ich etwas Böses oder Gemeines zu dir sage, dann entschuldige ich mich jetzt schon dafür!" Erst im Nachhinein habe ich verstanden, warum er das gesagt hat, denn wahrscheinlich hat er schon an die Gehirnmetastasen gedacht und dass er sich dann vielleicht nicht mehr unter Kontrolle hat.

Es war ein herber Verlust. Wir waren 21 Jahre zusammen, inzwischen lebe ich seit fünf Jahren ohne meinen Mann. Klaus war ein sehr fürsorglicher Mensch: kreativ, zuverlässig, unterhaltsam, aktiv. Wir hatten einen sehr respektvollen Umgang miteinander. Er hat mich auch im Haushalt unterstützt, sodass ich mich beruflich weiterentwickeln konnte.

Im November 2013 ist er an Darmkrebs verstorben, aber noch eine Woche vor seinem Tod habe ich nicht daran geglaubt, dass er stirbt. Wir waren oft in Ostfriesland bei einem Heiler, von dem wir uns viel versprochen hatten.

Beim Sterben wurde er von der ganzen Familie begleitet. Wir saßen zu zehnt um sein Bett herum, und ich sagte: „Klaus, lass los!", was er dann auch tat. Am selben Tag ging ganz viel im Haus kaputt. Die Haustürklingel hat nicht mehr funktioniert, der Garagentoröffner war defekt, im Bad ging die Glühbirne kaputt ... Da war eine spezielle Energie. Er war natürlich auch eine sehr wichtige Person in diesem Haus. Der Tisch, das Wohnzimmer, die Garderobe ... alles hat er selber gemacht. Es steckt sehr viel Liebe von ihm hier drin. Am Anfang nach seinem Tod fand ich Trost in der Kirche, weil wir im Ort einen tollen Pastoralreferenten mit seiner Frau haben, die beide einen guten Zugang zu den Menschen haben.

Wir hatten die Schulmedizin nicht abgeschrieben, aber sie brachte Klaus nicht weiter. Die alternative Heilmethode nahm er ergänzend dazu wahr. Im Oktober wurde ihm gesagt, dass es dem Ende zugeht, und obwohl er kaum noch transportfähig war, wollte er unbedingt nochmal zu dem Heiler. Wir sind die lange Strecke mit dem Wohnmobil hochgefahren, die ganze Familie war mit zwei weiteren Autos dabei. Wir hatten zwei tolle Wochen zusammen. Klaus hatte täglich Therapie. In dieser Zeit konnten wir uns richtig voneinander verabschieden, denn nachdem wir zurück waren, ist er wenige Tage später verstorben.

Klaus war immer positiv, er hat mich aufgebaut. Wahrscheinlich dürfen die wenigsten Menschen in solch einem Krankheitsprozess erleben, dass der Kranke solch eine Energie ausstrahlt und die ganze Umgebung positiv stimmt, obwohl er vielleicht ganz tief drinnen wusste, dass er bald sterben wird. Die Krankheit dauerte viereinhalb Jahre, aber wir blieben bis zum Schluss optimistisch. Wir wussten irgendwann, dass die Schulmedizin nicht mehr helfen konnte, und der Strohhalm in den letzten zwei Jahren waren die Behandlungen in Ostfriesland, zu denen Klaus alle zweieinhalb Wochen hochfuhr. Der Heiler hat die Hände aufgelegt und die bösen Zellen gedanklich zum Körper hinausbewegt, während die guten zum schnelleren Wachstum animiert werden sollten. Ich weiß nicht, ob Klaus' Leben dadurch verlängert wurde, aber wichtig war, dass uns der Heiler auch psychisch begleitet und nie die Hoffnung aufgegeben hat. Selbst als wir nach dem letzten Besuch bei ihm zurückgefahren sind, vereinbarte ich mit ihm, dass ich mich um eine bestimmte Zeit zu meinem Mann ans Bett setzen und die Griffe anwenden werde, die er mir gezeigt hat. Er wollte zur selben Zeit zu mir eine mentale Verbindung herstellen und mir Kraft zuschicken. Nach Klaus' Tod rief er mich an und sagte: „Nachdem es klar war, dass nichts mehr den Tod aufhalten wird, habe ich darum gebetet, dass Klaus schnell gehen darf." Und das war auch so. Klaus hat keinen langen Leidensweg gehabt, sondern lag nur noch die letzten anderthalb Tage im Bett, bis es soweit war. Das war natürlich auch sehr viel wert. Die Endgültigkeit war trotzdem ein Schock, denn obwohl ich schon lange gesehen habe, wie schlecht es ihm ging, wollte ich ihn nicht gehen lassen. Aber es war gut so, denn trotz allem hatten wir in diesen vier Jahren eine sehr intensive und schöne Zeit. Dafür bin ich auch jetzt richtig dankbar. Und dafür, dass wir einen so schönen Abschied im Familienkreis haben konnten.

Hinterher habe ich nur funktioniert. Der Beruf war für mich die beste Therapie. Ich weiß nicht warum, aber die besten Freunde haben sich nie blicken lassen. Es gab einen großen Freundeskreis, der sich inzwischen auch wieder stabilisiert hat – schon zuvor und auch jetzt, seitdem ich einen neuen Partner habe. Ich habe eine Erfahrung gemacht, die schwer zu verstehen ist: Wenn du als Frau alleinstehend bist, dann bist du ein „Niemand"! Sobald man einen „zweiten Teil" präsentieren kann, wird man wieder in der Gesellschaft akzeptiert. Als mein Mann erkrankt war, zogen wir uns auch immer mehr zurück, ich wollte jeden Moment mit ihm ausnutzen. Da ging der Kontakt zu den Freunden schon etwas verloren.

Ich muss zugeben, dass es zum Teil sicher auch an mir lag, denn im Freundeskreis gibt es lauter Ehepaare, damit hatte ich Probleme. Das war schon sehr zweischneidig: Einerseits wollte ich nicht mit Paaren zusammen sein, andererseits wollte ich den Kontakt auch nicht verlieren. Klar haben sie zu mir gesagt: „Wenn was ist, dann komm zu uns", aber das habe ich nie gemacht. Wenn andere wirklich Interesse haben, dann kommen sie doch zu dem, der Unterstützung braucht, ich drücke mich nicht zu ihnen ins Wohnzimmer. Aber es kam halt keiner. Ich glaube, sie konnten nichts mit mir anfangen, und keiner wollte für jemanden, der so am Trauern ist, die erste Ansprechperson sein. Gelitten haben sie sicher auch, sie haben ja ebenfalls einen Freund verloren. Inzwischen bin ich wieder stärker integriert, aber ich habe nie gesagt, wie gekränkt und enttäuscht ich war, denn ich bin kein nachtragender Mensch.

Überrascht war ich von denen, die sich stattdessen bei mir meldeten, denn das waren zum Teil Menschen, mit denen ich gar nicht so vertraut war.

Einmal war ich auf einem Trauerseminar in einem Kloster, aber das war die reine Hölle. Alle haben die ganze Zeit nur geweint. Vielleicht war es zu diesem Zeitpunkt richtig, aber ich fand es schlimm. Es hat mich auch nicht befreit, und ich habe nach dem Wochenende keine Kontakte zu den Teilnehmern aufgenommen oder fortgeführt.

Zuerst fühlte ich mich sehr allein, aber dann baute ich einen neuen Freundeskreis auf. Ich lernte über eine Arbeitskollegin eine Frau kennen, die auch ihren Mann verloren hatte, und wir unternahmen viel zusammen. Mein Blick änderte sich, ich ging mehr auf alleinstehende Frauen in ähnlichen Situationen zu und suchte mit ihnen Austausch. Aber mit der neuen Freundin war ich am meisten unterwegs. Und dann kam der Einschnitt, denn sie lernte jemanden kennen. Sie ist vom ganz anderen Schlag als ich und war nur noch mit dem neuen Partner zusammen. Nach einem Jahr Beziehung zog sie dann auch mit ihm zusammen.

Zur selben Zeit machte ich mit einem Kollegen, der auch verwitwet war, einen Tanzkurs. Er lernte ebenfalls jemanden kennen, und auf einmal stand ich wieder allein da. „Was mache ich jetzt?", fragte ich mich. Wenn ich nichts am Wochenende vorhatte, war es furchtbar, obwohl ich mich natürlich wie alle berufstätigen Menschen auf die freien Tage freute.

Rückblickend meine ich, die schwersten Jahre nach Klaus' Tod waren das erste Jahr und dann wieder dreieinhalb bis vier Jahre danach. Ich fragte mich immer mehr: „Was mache ich jetzt eigentlich mit meinem Leben? Wie soll es denn weitergehen?" Ich war viel unterwegs: hier auf einem Fest, dort im Kino ... Ich habe alles mitgenommen! An einem Wochenende zu den „Toten Hosen", am anderen zu den „Kastelruther Spatzen". So konträr! Einfach nur, damit ich nicht allein daheim blieb. Ich lernte das Lachen wieder, vergnügte mich.

Dann kam ein ganz böser anonymer Brief: Ich würde herumlaufen wie eine läufige Hündin, würde mich jedem an den Hals werfen – obwohl das gar nicht stimmte, ich hatte in all den Jahren eine einzige Affäre! Ich hatte beruflich Erfolg, ein schönes Firmenauto und ich glaube, die Person war ziemlich neidisch. Im Brief war davon die Rede, dass mein Mann sich im Grab umdrehen und mich anspucken würde, wenn er könnte; dass meine Söhne das Gespött des ganzen Orts seien; ich solle mich schämen. Zum Schluss hieß es, ich „Dorfmatratze" solle aus dem Ort verschwinden und mich nie mehr blicken lassen. Der Brief war mit allen Boshaftigkeiten gespickt, die man sich nur denken kann.

Ich war geschockt. Mit dem Brief ging ich zur Polizei und stellte Strafanzeige, wohl wissend, dass nichts dabei herauskommen würde. Ich fragte dreimal nach: „Das kann doch nicht sein, dass man da nichts machen kann? Das ist doch Psychoterror!" und bekam schließlich den Rat, mich an den „Weißen Ring" zu wenden, eine Einrichtung, die Opfern von Kriminalität hilft. Ein Berater dieser Institution kam zu mir nach Hause und ging mit mir ganz genau den Brief durch. Das hat mir sehr geholfen. Er konnte den Brief analysieren, vermutlich kam er von einer Frau aus meinem nahen Bekanntenkreis. Hundertprozentig weiß ich es natürlich nicht. Aber vielleicht habe ich eines Tages den Mut und spreche sie darauf an.

Das fand ich gemein: Ich habe so viel gekämpft und geleistet und mir an den Wochenenden eine Auszeit gegönnt. Und dann so etwas! Der Brief hat mich sehr verletzt, denn mir ist klar geworden, dass nicht nur die Schreiberin des Briefes in keiner Weise nachvollziehen kann, wie es einer alleinstehenden Frau, die ihren Mann verloren hat, geht.

Der Berater vom „Weißen Ring" sagte, ich könne den Vorfall ruhig publik machen, damit die Person, die den Brief geschrieben hat, das auch mitbekommt. So kann ich aus der Opferrolle heraustreten. Ich bin sehr offensiv damit umgegangen und habe es allen erzählt. Hier im Ort kennt man sich, er ist ja nicht so groß. Alle waren sprachlos.

Warum hat es eine Alleinstehende so schwer? Und wird erst wahrgenommen, wenn sie wieder ins Leben zurückfindet und Spaß hat, oder dann, wenn sie wieder einen Partner hat? Meine Freundin hat damals gesagt: „Du bist eine Konkurrenz für die Frauen!", aber für mich war das nie ein Thema. Ich hatte doch gar keine Ambitionen und hatte nur mit mir selbst zu tun.

Es gibt bestimmt Unterschiede zwischen dem Leben in der Stadt und auf dem Land. In der Stadt wird man vielleicht mehr in Ruhe gelassen, die soziale Kontrolle ist nicht so da. Aber ich glaube, man ist in der Stadt dafür mehr allein. Ich hatte hier immer Hilfe und Unterstützung, zum Beispiel von den Nachbarn. Und wenn ich an meine Eltern denke: Meine Mutter kann nicht mehr so gut gehen, mein Vater ist blind; zum Einkaufen fahren sie immer mit dem Bus ungefähr einen Kilometer. Wenn sie damit fertig sind, fährt sie immer irgendjemand vom Ort nach Hause. Es ist hier alles familiärer – aber dafür gibt es natürlich auch die Neider.

Seit ich einen neuen Partner habe, bin ich wieder wesentlich ruhiger. Wir haben uns über den Sport kennengelernt, und ich gebe zu, dass ich nach jemandem Ausschau gehalten habe. Denn ich war richtig einsam, und wer das noch nie erlebt hat: Einsamkeit tut weh! Wie auch die Trauer. Meine Organe haben regelrecht geschmerzt, viele Wochen und Monate lang. Ich bin nicht mehr so viel „on Tour", auch wenn ich meine Termine habe, die ich gern wahrnehme. Es ist immer noch komisch und ungewohnt, wenn er und ich zusammen durch den Ort gehen. Aber ich bin nicht mehr einsam und das Lebensgefühl ist jetzt wieder schöner. Trotzdem frage ich mich, wie das andere machen. Meine Freundin, zum Beispiel, hat mit ihrer neuen Beziehung wieder ganz neu angefangen. Aber für mich ist die Trauer nicht ganz abgeschlossen. Das dauert. Ich glaube fast, dass ich in dem jetzigen Stadium bleibe. Mein neuer Partner weiß, dass ich immer einen Platz in mir für meinen verstorbenen Mann behalten werde.

Ungefähr drei Jahre lang begleitete mich eine Frau in der Trauer auf energetischer Ebene wie auch mit Gesprächen, das war sehr hilfreich. Es gibt Situationen, in denen die Trauer wieder aufbricht; so hat neulich die Schwester meines Mannes geheiratet, und sein Vater hat seinen 80. Geburtstag gefeiert, da bin ich natürlich hingegangen. Das sind Momente, in denen es schwer wird. Aber die traurigen Gefühle hindern mich nicht daran, Lebensfreude zu empfinden. Ich habe einen starken Kampfeswillen und ich weiß auch, dass mein Mann niemals gewollt hätte, dass ich leide.

Ganz wichtig finde ich, dass man seine Trauer auslebt. Wie, dafür gibt es kein Patentrezept. Eine geliebte Person zu verlieren ist ein Trauma; aber man verdient es wieder zu lachen, wenn man aus der Trauer herausgefunden hat: leben, so gut man kann! Alles andere kommt sowieso.

WOFÜR WILL ICH HEUTE MEINE ZEIT AUSGEBEN?

Frau S., 59 Jahre alt, zwei Kinder, war 37 Jahre verheiratet; ihr Ehemann ist vor sechs Monaten an der Krankheit ALS verstorben. So schmerzhaft der Trauerprozess für sie ist – manches entwickelt sich zur neuen Freiheit und deshalb sieht Frau S. auch in der neuen Lebenssituation eine Chance.

Rainer hat gern geschlafen, und so ist er auch verstorben. Das war die sogenannte Palliativsedierung. Die trat in dem Moment ein, wo er selbst nicht mehr richtig atmen konnte. Er hat für die letzte Zeit etwas bekommen, damit er nicht wieder aufwacht, und so schlief er einfach ein. Er ist nachts gestorben, als keiner von uns da war, aber das hatten wir uns schon gedacht.

Es war fast eine Sandkastenliebe, ich war 14, Rainer 15. Wir waren 37 Jahre verheiratet, aber 45 Jahre befreundet. Seit sechs Monaten lebe ich nun allein, Rainer ist im Oktober 2018 an ALS, Amyotrophe Lateralsklerose, verstorben. Der Sterbeprozess dauerte nur fünf Tage. Gestorben ist er im Hospiz. Das war auch schön so, wir hatten das vorbereitet. Im Mai 2018 kam die sichere Diagnose, und in der Zeit bis zu seinem Tod im Oktober haben wir über alles gesprochen: wie er sich was wünscht, wie ich mir was wünsche …

Freiwillig hat er nicht immer alles erzählt, aber ich wusste, wie ich etwas aus ihm herauskitzeln kann. Nun merke ich, dass das gut war. Es blieb keine Frage unbeantwortet, kein negatives Gefühl, dass irgendwas nicht richtig war.

Es gab eine Zeit, so im Mai ungefähr, wo ich gemerkt habe, dass er einen anderen Weg geht als ich. Am Anfang war ich sehr enttäuscht. Ich hatte immer die Vorstellung wie in einem Schmalzfilm: Wir sitzen händchenhaltend am Ufer und verabschieden uns gemeinsam vom Leben. Aber er hat ganz deutlich zu mir gesagt: „Ich gehe Richtung Tod, und du gehst weiter Richtung Leben." Wir vermuteten bereits seit einem Jahr, dass er die Krankheit haben könnte, und hatten verschiedene Therapien ausprobiert, aber im Februar hat man damit aufgehört. Im Mai wurde uns in der Charité in Berlin dann bestätigt, dass es nun so ist. Ich habe eine Weile gebraucht, um das zu kapieren und auch zu akzeptieren. Ab dann hatten wir eine gute Zeit. Keiner von uns hat mehr gekämpft.

Man konnte ihm die Krankheit dann auch wirklich ansehen, er wurde täglich weniger. Die Krankheit betrifft alle Muskeln, auch die Sprache, deshalb konnte er auch immer weniger reden. Er hat dies gespürt, konnte es mir aber nicht mehr mitteilen. Vielleicht wollte er es auch nicht, um mich nicht zu verletzen. In der Zeit war ich sehr stark und konnte auch viel übernehmen.

Mit 38 Jahren hatte ich eine Lungenembolie, die ich gerade so überlebt hatte. Wir mussten uns also schon einmal mit dem Thema Tod auseinandersetzen. Danach konnte ich nie mehr als Krankenschwester arbeiten. Aber seit vielen Jahren bin ich nun schon in einer Kontakt- und Beratungsstelle für Krebskranke und ihre Angehörigen tätig. Zu der Zeit hatten wir gerade gebaut und hatten kleine Kinder, da hat er alles übernommen, wirklich alles. Er hat gearbeitet, damit er allein die Finanzierung des Baus übernehmen konnte, er hat sich viel um die Kinder gekümmert – und viel um mich. In der Zeit war ich manchmal bis zu zehnmal im Krankenhaus. Unsere Beziehung war deshalb davon geprägt, dass er sich um mich gesorgt hat. Als die Krankheit bei ihm 2017 anfing, habe ich ganz schön rebelliert, weil ich die Prinzessinnenrolle verloren habe. Im Grunde fing das Elend schon an, als der Mann einer Bekannten an einem Herzinfarkt verstarb; er war erst 43. Da war ich sehr verunsichert und alle haben gesagt: „Was ist denn los, das ist doch nur der Mann einer Freundin. Das ist doch nicht *dein* Mann!" Ich glaube, ich habe schon gespürt, dass da was kommt. Es war damals nämlich schon so, dass Rainer ziemlich kraftlos war. Wenn ich heute mein Tagebuch lese und rekonstruiere, was alles so war, dann war der Grund unserer Streitereien oft, weil er so schwach war. Er hat damals sicher schon gemerkt, dass er die Sachen nicht mehr richtig halten konnte. Es war noch zu früh, er konnte das wohl nicht so für sich einordnen, aber es belastete unsere Beziehung sehr. Jeder musste seine neue Rolle finden. Ich war nicht mehr die „Umgarnte", um die sich immer alles drehte, und er konnte noch nicht richtig mit seiner Veränderung umgehen. Im Juni 2017 hat er dann selber den Verdacht auf ALS geäußert. Man hat an der Haut schon die Zuckungen überall gesehen. Die Krankheit ist bei unter 10 % der Betroffenen genetisch bedingt; er ist der Erste in der Familie, der das bekam. Aber es kannten schon viele Leute die Krankheit, weil Stephen Hawking, der berühmte Astrophysiker, sie hatte.

Von Anfang an wusste ich, Rainer wird sich nicht beatmen und eine Magensonde legen lassen. Jemand, der so gern isst wie er, wo das Kulinarische so eine große Rolle spielt … Nein, undenkbar. Das konnte ich von Anfang an akzeptieren. Und auch die Kinder konnten es. Es war mir immer wichtig, dass wir ihm gut zuhören und ihn darin unterstützen, was er braucht. Klar, manchmal denke ich schon, er hätte mit den Geräten ein bisschen mehr Zeit mit uns gehabt – aber um welchen Preis? Er wäre auf Hilfe angewiesen, schon wenn es ihn irgendwo juckt. Er saß nur die letzten vier Wochen im Rollstuhl, aber nicht in der Wohnung, sondern nur, wenn wir draußen waren.

Unsere Beziehung war von einem großen Grundverständnis geprägt. Wir mussten uns nicht viel erklären. Wir haben uns angeguckt und dann wusste jeder, was der andere wollte. Das bringt vielleicht auch eingefahrene Muster mit sich und andere Nachteile, aber erst einmal denke ich, war das schon etwas Besonderes. Wenn unsere Töchter sich angekündigt hatten, dass sie kommen, dann war er immer schon eine Woche vorher euphorisch. Seine Töchter waren für ihn das Allergrößte. Wir hatten beide unsere eigenen Hobbys; ich verreiste hin und wieder mit Freundinnen, und er konnte gut allein sein. Im Jahr 2017 fing er auch damit an, mit seinem besten Freund wegzufahren. Das fand ich sehr schön. Den Haupturlaub haben wir immer gemeinsam verbracht; als die Mädchen noch klein waren, mit anderen Familien, später dann zu zweit. Wir konnten gut zusammen entspannen, er konnte in Ruhe kochen, so wie er wollte.

Ich koche nicht aufwändig, aber ich entdecke jetzt den Garten. Ich probiere Rezepte aus, die er gern gemacht hat, und fühle mich ihm dann auch sehr nah. Früher habe ich es nicht so gern gemacht, aber jetzt kontrolliert er es ja auch nicht mehr. Er war immer sehr perfekt, da kam ich sowieso nicht dagegen an. Jetzt denke ich, er hat mir viel mitgegeben: Ich habe eine reichhaltige Gewürzbank und eine schöne Küche; die Sachen sind wie ein Geschenk, und jetzt darf ich sie ausprobieren. Ich habe nicht die Vorstellung, dass er irgendwo ist und sieht, was ich so tue, das würde mich einengen. Aber das, was ich spüre, ist etwas sehr Wohlwollendes.

Am Anfang, nachdem er verstarb, fand ich es immer ganz befremdlich, wenn Leute erzählten, dass sie sich innerlich mit ihrem verstorbenen Partner unterhalten. Aber das fängt nun so langsam auch bei mir an. Seit drei Wochen habe ich das Gefühl: Ich habe mich nochmal anders in meinen Mann verliebt. In so etwas *in mir*. Das macht mich irgendwie stärker. Das ist im Moment etwas, von dem ich spüre, dass es bleibt.

Mein Mann war ein super Zuhörer und Berater. Egal, womit ich ankam – wenn ich zum Beispiel mal eine schwere Beratung hatte –, dann sagte er: „Vertrau denen doch einfach mal." Er hat sich für meine Anliegen interessiert. Er war relativ groß, 1,87 Meter, und in seine Arme konnte ich mich so schön reinkuscheln. Ich konnte mich bei ihm einfach fallen lassen. Das fehlt mir im Moment sehr. Freundinnen nehmen einen ja auch mal in den Arm, aber wenn ich nach Hause kam und er saß so auf dem Sofa ... Das habe ich zu Lebzeiten nicht so zu schätzen gewusst wie jetzt, wo ich ihn nicht mehr habe. Ich habe mich damals in ihn verliebt – ich war ja erst vierzehn, fand meine Eltern blöd und alles, und er war damals schon groß – mitunter deshalb, weil ich mich einfach so an ihn ranschmiegen konnte. Das hat bis zu seinem Tod auch so gehalten.

Mein Mann ist selten weggefahren, wenn ich da war, denn ich mochte nicht allein sein. Ich hatte immer Angst, es könnte zum Beispiel jemand einbrechen. Rainer war Ausbilder für Chemielaboranten, und wenn er mit den Lehrlingen wegfahren musste, dann habe ich mir jemanden geholt oder bin zu meinen Eltern gefahren oder zu meinen Geschwistern. Aber ab dem Moment, als er in der Klinik war, bin ich allein geblieben und habe mir niemanden mehr geholt – denn ich habe einfach keine Angst mehr! Bis heute nicht. Während der Krankheit musste ich stark sein, aber ich habe mich schon damals gefragt, wie das werden soll, wenn er gar nicht mehr zurückkommt ... Als er ins Hospiz kam, da habe ich noch einmal sehr, sehr geweint, weil ich wusste, dass er nie mehr zurückkommen wird. Aber die Angst blieb aus. Im Gegenteil, ich bin sehr gern mit mir allein hier in diesem Haus. Er ist für mich irgendwie weiterhin anwesend; ich sehe seine Schatten überall.

Dieses Jahr werde ich 60, ich habe noch eine ganze Zeit vor mir. Das hat er auch immer gesagt: „Du hast noch viel vor dir, mach damit, was auch immer dir Spaß macht. Sei einfach neugierig." Das bin ich ja nun sowieso von Haus aus. Ich lasse mich gern auf Neues ein. Das Leben ist so wertvoll, das will ich weiter auskosten.

Ich habe viel mit Krankheiten zu tun, und ALS ist eine der schlimmsten. Egal, was man macht, man läuft auf den Tod zu. Man weiß: Was Schlimmeres kann eigentlich gar nicht mehr kommen! Das nimmt einem auch irgendwie die Angst. Vieles relativiert sich angesichts einer solchen Erkrankung.

In den Krankheitsphasen habe ich immer wieder mit meiner Wichtigkeit gerungen. Neben jemandem, der so todkrank ist, kann man nicht ankommen, da habe ich mich gefragt: „Wo komme ich denn vor?" Vielleicht ist es das auch, was ich meine, wenn ich sage, ich will jetzt gut für mich sorgen. Ich kann und darf eben noch leben, warum auch nicht?

Schon während der Erkrankung habe ich auf mich aufgepasst und hinterher noch mehr. Ich habe bestimmte Rituale: Morgens mache ich Yoga, und ich meditiere hin und wieder. Jeden Tag nehme ich mir bewusst ein bisschen Zeit zum Trauern. Nicht in dem Sinne, dass ich weine, eine Gedenkecke habe oder so ... Mehr so, dass ich in meinen Körper hineinspüre und mich frage: „Wie fühlt sich das jetzt so an?" An manchen Tagen bin ich sehr traurig. Aber es ist nicht so, dass ich dasitze und weine. Nein, es geht hierbei um die Nähe zu meinem Mann. Es ist ein Schatz, der fort ist. Rainer hat mal gesagt: „Das muss uns erst einer nachmachen, was zwischen uns ist." Er hat nicht darüber gejammert, dass er mit 60 weggehen muss, sondern hat gesagt: „Wir haben doch ganz viel." Er war davon überzeugt, dass das Leben endlich ist, und irgendwann ist eben mal Schluss. Mein Mann war nicht gläubig, nach dem Tod gab es für ihn einfach nichts. Und ich – ich weiß es nicht. Ich lasse es offen. Aber die Vorstellung, dass nichts ist, ist auch entlastend für mich. Rainer plagt sich nicht mehr, er fällt nicht mehr hin, er muss sich von keinem mehr pflegen lassen, er ist nicht mehr abhängig.

Weil mir die großen Arme meines Mannes fehlen, nehme ich mich manchmal selber in den Arm. Das können sich andere vielleicht nicht so vorstellen, aber mir geht es so, dass ich mich dadurch nochmal anders spüren kann. Das tut gut. Was ich noch nicht schaffe ist, das mit Freundinnen zu tun. Die nehmen mich natürlich auch mal in den Arm, aber mich bei ihnen so fallen lassen, das geht noch nicht. Neulich gab es einen Gedenkgottesdienst für diejenigen, die im letzten halben Jahr verstorben sind, mein Bruder und meine beste Freundin waren auch dabei. Mein Bruder saß direkt neben mir, und er hat mich in den Arm genommen; das fand ich richtig schön. Ich wünsche mir, dass sich das auch mit Freundinnen noch mehr dahingehend entwickelt.

Dadurch, dass die Kinder auch sehr leiden, haben wir alle drei ein bisschen das Gefühl, jeder will dem anderen nicht zu viel zumuten. Wir sagen uns wenig, auch wenn es uns wirklich schlecht geht. Die eine ist ja verheiratet und macht das dann mit ihrem Mann aus, die andere mit ihren besten Freundinnen, so wie ich. Am Anfang habe ich immer gedacht, wir sollten das miteinander teilen, aber das war nicht gut. Das war für alle zu schwer. Gerade die Jüngste, die wohnt so weit weg und leidet dann darunter, dass sie ja doch nichts tun kann. Zwischendrin hat sie sogar überlegt, ihren Job aufzugeben und hierher zu ziehen. Der Palliativmediziner hat zu ihr gesagt: „Machen Sie das nicht. Ihr Vater wird nicht mehr lange leben, und dann sitzen Sie hier." Das war auch richtig so.

Was ich sehr genieße ist, wenn ich mich mit Freundinnen treffe. Vorher habe ich oft gedacht: „Hoffentlich ist Rainer nicht schon im Bett, dann kann ich ihm ja gar nicht mehr erzählen, wie es war." Und als er krank war, hatte ich immer das unruhige Gefühl, ich muss nach Hause. Das hielt mich davon ab, so richtig bei den Freundinnen zu sein. Jetzt kann ich das Zusammensein mit ihnen einfach nur genießen. Ich muss mich mit niemanden mehr absprechen. Ich war jemand, die schon für morgen geplant hat und immer viel im Kopf hatte, aber im Moment ist das gar nicht mehr so. Vielleicht auch, weil ich nun noch besser weiß, dass das Leben nicht so ist, dass man nicht viel planen braucht, weil sich alles anders entwickeln kann. Heute gucke ich eher in mich hinein und frage mich: „Für was will ich meine Zeit heute ausgeben?" Ob das ewig anhält oder nur vorübergehend so ist, weiß ich nicht, aber im Moment finde ich das sehr angenehm. Letzte Woche bin ich zum Beispiel ganz spontan zu meinem Bruder gefahren – das dauert zwei Stunden, bis man dort ist –, weil seine Kinder ein Schulkonzert hatten. „Warum soll ich mir das nicht einfach mal anhören?", dachte ich und bin einfach hingefahren und am nächsten Morgen wieder zurück. Sich solch einen Luxus zu erlauben tut man natürlich eher, wenn man allein ist. Das Leben war früher so getaktet, da hätte ich das nicht gemacht. Somit genieße ich nun auch eine neue Freiheit.

An den Wochenenden, wenn die Familien zusammen sind, muss man besonders für sich sorgen. Ich bin in einer kleinen Kaffeerunde, die sich schon seit vielen Jahren jeden Samstag trifft. Das sind alles Paare, und wenn man dann auseinander geht, weiß ich, sie unternehmen nun etwas miteinander. Ich könnte mich ja auch mal anschließen, da hätte garantiert keiner was dagegen, aber das möchte ich dann doch nicht. Zu sehen, wie sie zusammen ihre Wochenendpläne schmieden, ist manchmal etwas schmerzhaft. Wiederum merke ich, dass ich gerade viel Zeit für mich allein brauche. Man unterschätzt, wie viel Energie dieser Trauerprozess benötigt. Manchmal sitze ich auch einfach nur da und tue nichts. Wenn ich mehr als einen Termin am Tag habe, fühle ich mich schon unter Druck.

Ich war überrascht, wie beliebt mein Mann war. Es waren sehr viele Menschen auf der Beerdigung und das hat uns allen sehr gut getan.

Wir haben bestimmt 200 bis 300 Briefe bekommen. Wir haben sie aufgehoben und wenn die Kinder kommen, dann stöbern wir darin und schauen, wer hat was geschrieben ... Ich finde es auch sehr schön, wenn die Leute im Dorf mal fragen, wie es einem geht. Ich habe noch nie dumme Sprüche erlebt, aber ich bin auch immer sehr offen mit allem umgegangen. Wenn ich gemerkt habe, dass jemand Schwierigkeiten hatte, von sich aus etwas zu sagen, dann habe ich die Initiative ergriffen und signalisiert, dass ich gern darüber reden möchte. Ich glaube, das macht es manchen Leuten einfacher.

Noch zu seinen Lebzeiten sind wir offen mit der Krankheit umgegangen, vor allem auch Rainer. Wenn wir Besuch hatten, dann kam es vor, dass er sogar viel darüber sprach: wie sich die Krankheit auswirkt und wie schlimm er sie findet und dass er es nicht bis zum Schluss aushalten will. Und dass, wenn es allein nach ihm gegangen wäre, er in die Schweiz gehen würde, um eine Sterbehilfe anzunehmen. Ob er sein Leben dann wirklich abgekürzt hätte?

Die letzten Monate waren etwas Besonderes. Wir haben so viel erlebt, wie die fünf Jahre davor nicht. Wir waren auf Konzerten, bei Lesungen oder auf dem tollen Wochenmarkt in Mainz ... Er war jemand, der viel Spaß an Kultur hatte. Zwei Wochen vor seinem Tod sagte er zu seiner Logopädin: „Ich habe jetzt alles gesehen, was ich sehen wollte. Jetzt will ich nicht mehr." Zu mir hat er es nicht gesagt, sie hat es mir hinterher erzählt. Dass es für ihn rund war und nichts hinzukommen musste, ist für mich eine tröstliche Vorstellung.

Es fällt mir manchmal schwer zu akzeptieren, dass jeder Mensch unterschiedlich mit Trauer umgeht. Gerade nach einem halben Jahr wird mir immer mehr bewusst, dass mein Mann nie wiederkommen wird. In meinem Umfeld ist der Alltag eingekehrt und bei mir ist es anscheinend noch lange nicht so weit. Ich gucke manchmal Bilder an, höre schöne Musik, die er gern gehört hat, oder ich sitze am Ofen und gucke ins Feuer. Das hat er auch gern gemacht. Oder ich lege mich in sein Bett – wir hatten getrennte Schlafzimmer – und kuschle mich da rein. Manchmal, wenn es zu lang mit der Traurigkeit dauert, dann rufe ich jemanden an. Es hilft mir, mit jemandem zu sprechen. Sehr nett ist es auch mit der Nachbarin. Wir hatten uns auseinandergelebt, jeder war immer beschäftigt. Aber als die Krankheit begann, war sie sehr bestürzt. Seit Rainers Tod haben wir schon manches Mal auf der Terrasse gesessen oder ich geh mal abends rüber, wenn sie mit ihrem Freund gekocht hat. Das ist ein lockeres, nettes Miteinander.

Ich komme schlecht mit Menschen zurecht, die sich selbst bemitleiden, denen man die Trauer schon von weitem ansieht und die gleich losjammern: „Ach, wie schrecklich, wie furchtbar ..." Am besten finde ich es, wenn jemand hören will, wie die letzte Zeit war und ich ruhig auch erzählen kann, wie schlimm es für mich war, wenn Rainer hingefallen ist und sich verletzt hat, oder wenn wir gemerkt haben, es ging wieder etwas Neues nicht ... Das tut mir dann auch gut. Aber auch Schönes mag ich erzählen: was wir bei den Konzerten erlebt haben, wo wir überall noch waren ... Weil sich darin die Nähe zu ihm nochmal ausdrückt. Jetzt, nach einem halben Jahr, muss ich immer noch viel erzählen. Mit dem Aussprechen der Dinge wird die Situation für mich einfacher.

Ich weiß ja nicht, vielleicht verliebe ich mich ja auch nochmal, aber diese Grundlage nach 45 Jahren, die wird es rein rechnerisch nie wieder mit jemandem mehr geben können. Diese Basis, die nicht einmal während der Krankheit weg war, ist etwas Besonderes und ist nun einfach weg. Ich kann auch heute noch immer nicht glauben, dass er wirklich nicht mehr da ist. Ob ich das jemals richtig verstehen werde, weiß ich nicht. Eine Strategie damit klarzukommen ist es, alle Gefühle zuzulassen: die Trauer, manchmal die Wut darüber, dass es so gekommen ist, die Enttäuschung, dass man nicht gemeinsam alt werden kann ... Aber eben auch die Freude für das, was wir miteinander hatten, und die Gewissheit, wie lange wir zusammen waren. Ich erlebe auch viel Dankbarkeit. Ich versuche, nicht zu lange bei einem bestimmten Gefühl zu verbleiben oder es zu bewerten; ich gucke jedes Gefühl an, und jedes darf sein.

Natürlich erfahre ich auch meine eigene Endlichkeit. Aber sie hat mir viel Angst vor dem Tod genommen, weil Rainer so friedlich sterben konnte und nicht gelitten hat, er gut begleitet war. Jeder Moment ist kostbar, und das ist jetzt *mein* Moment. Wenn ich mal etwas gar nicht will, dann muss ich mich eben dagegen entscheiden, denn der Moment wird nicht wiederkommen. Der Lebensmut ist mir nicht abhanden gekommen. Es gibt ja auch oft Menschen, die geradezu in eine finanzielle Not geraten, wenn der Partner verstirbt. Ich bin nicht reich, aber auch in keiner finanziellen Not. Ich kann Dinge unternehmen und muss mir keine Sorgen machen.

Ich habe mir in der Bücherei viele Bücher ausgeliehen. Es gibt eine Menge Berichte von Frauen, die aus einer anderen Generation sind und ihrem Partner in den Tod folgen wollten, sich hilflos fühlten usw. ... Da bin ich ganz anders. Wenn ich nicht weiß, wie etwas geht, dann frage ich jemanden oder probiere es eben aus. Früher habe ich keine Löcher in die Wand gebohrt, jetzt mache ich es eben. Das finde ich sogar richtig spannend. Aber ich habe auch Bücher gelesen von Leuten, die nach dem Tod ihres Partners ein glückliches Leben führen. Und davon gehe ich bei mir auch aus. Tatsächlich bin ich auf eine Art und Weise glücklich – und trotzdem vermisse ich ihn.

Es war immer selbstverständlich, dass wir unsere Eigenständigkeit gepflegt haben. Wir hatten ja auch unsere Krisen, in denen wir uns gefragt haben: Was ist das Gemeinsame, was braucht jeder für sich? Es war zum Beispiel gut, dass mein Mann gesagt hat: „Ich brauche ein eigenes Zimmer. Ich will es mir aussuchen, wann ich mit dir zusammen im Bett liege."

Mich stört, wenn ich merke, die Leute wollen eigentlich nicht nachfragen, aber sie tun es ganz schnell und reden dann wieder über etwas anderes. Das fühlt sich an, wie wenn jemand in etwas reinpikt und dann wieder ganz schnell abhaut. Man unterschätzt, wie sehr man auch nach einem halben Jahr noch verletzlich ist. Ich habe nicht den Anspruch, ständig über meinen Verlust reden zu wollen. Wenn ich auf einen Geburtstag gehe, dann geht es doch um etwas anderes, nämlich das Fest des Gastgebers. Aber wenn jemand nachfragt, dann soll er nicht einfach gleich wieder abhauen. Ich freue mich über alle Beileidbekundungen, und es kamen auch weitaus mehr, als ich erwartet hatte, aber ich warte nicht darauf. Der Spruch, den ich gar nicht mag, ist: „Mit der Zeit wird alles besser." Das ist ein komisches Trostpflaster. Zu Beginn ist jeder einzelne Tag schon viel zu lang. Oder neulich sagte mal jemand: „Ich habe eine Freundin, die auch so gelebt hat wie du, aber nach zwei Jahren kam es dann ganz schlimm!" Ich denke dann: „Ja, soll ich mich hinsetzen und warten, bis die zwei Jahre um sind? Was will sie mir denn damit sagen?" Solche Sprüche versuche ich dann ganz schnell zu ignorieren.

Als ich damals selber krank war, habe ich eine Psychotherapie gemacht; und jetzt, mit der Krankheit meines Mannes, habe ich gemerkt, ich brauche nochmal Unterstützung. Ich gehe jede Woche hin und der Therapeut hört sich oft das Gleiche von mir an; dort darf man in seiner Trauer auch mal eine Endlosschleife drehen. In der Therapie muss man nichts leisten oder gezielt hervorbringen. Bei Freunden will man nicht der Spielverderber sein und dazu beitragen, dass die Stimmung sinkt, aber bei meinem Arzt muss ich das nicht befürchten. Er ist Arzt für psychosomatische Medizin, und er arbeitet so, dass er mir auch etwas anbietet. Zum Beispiel habe ich an fürchterlichen Magenschmerzen gelitten. Da haben wir geguckt: Was ist da los, wie fühlt sich das an? Er hat dann ein schönes Bild gefunden, nämlich dass der Verlust eines lieben Menschen wie eine Riesenwunde ist und Zeit braucht, um zu heilen. Die Wunde braucht Zuwendung und vielleicht noch mehr – da bin ich gerade ein bisschen auf der Suche. Die Therapie bringt mich persönlich weiter. Es geht dabei ja um mich und gar nicht um meinen Mann. Und um die Frage: Wie erfinde ich mich wieder neu?

Mein Mann wollte immer zu bestimmten Zeiten essen. Das fällt ja nun weg. Jetzt muss die Zeit nicht mehr getaktet werden. Man könnte sagen: „Na ja, warum habt ihr euch unter seine Knute begeben?" Das spielt sich eben so ein im Laufe der Jahre. Wir waren ja auch froh, dass er uns so schön bekocht hat. Aber jetzt genießen meine Töchter und ich es auch, sich keine Gedanken machen zu müssen. Das heißt, manches entwickelt sich als neue Freiheit. Meine Mutter kommt aus einer Generation, da hat man gesagt, wenn eine Frau nicht geheiratet hat: „Die hat keinen abgekriegt.“ Im Moment entdecke ich aber die Freiheit des Alleinlebens. Ich hatte mich gut in der Beziehung eingerichtet, aber jetzt ist sie eben beendet, und ich kann nun egoistisch sein, ohne jemandem zu schaden. Das ist vermutlich der Unterschied zu den Erfahrungsberichten in den Büchern, die vor zwanzig Jahren geschrieben wurden. Diese Frauen haben sich mehr über den Partner definiert. Ich kenne inzwischen so viele Frauen, die vom Partner getrennt und jetzt froh über ihre Selbständigkeit sind. Wenn sie sich nochmal verlieben würden, dann würden sie trotzdem nicht mit dem Mann zusammenziehen. Die neue Lebenssituation ist eben auch eine Chance – warum nicht! Bei mir ist die Zeit seit seinem Tod noch zu kurz, als dass ich mir eine neue Partnerschaft vorstellen könnte. Aber wenn es irgendwann passieren sollte, warum nicht. Aber im Moment würde ich keine Kompromisse mit jemandem eingehen wollen.

Ich merke, dass ich mit meiner Arbeit anders umgehe. Ich arbeite konsequent gewisse Stunden im Verein, und dann gehe ich nach Hause und will mich um mich kümmern. Früher habe ich mich im Büro noch oft verdaddelt. Das war meine Maxime: Ich muss alle Arbeit fertig machen, und erst wenn das geschafft ist, dann setze ich mich auf den Balkon und gucke mir die Welt an. Das mache ich jetzt nicht mehr. Weil ich weiß, dass das Leben ganz schnell zu Ende sein kann; mein Sinn besteht doch nicht darin, dass ich viel gearbeitet habe! Ich nehme mich im Moment sehr ernst. Ich denke, wenn man das nicht tut, kann man ganz schön abstürzen.

Die Liebe zu meinem Mann vergleiche ich mit der Liebe zu Kindern: Wenn man ihnen in den ersten zehn Jahren ganz viel Zuwendung gibt, gehe ich davon aus, dass man sie nicht verwöhnen kann, sondern dass das Kind auf einer Basis lebt, von der aus es sagen kann:

„Ich konnte Kind sein, ich konnte mich anlehnen, ich konnte mich entwickeln.“ Und so gehe ich auch von meiner Beziehung aus, in der ich „ich“ sein konnte; ich konnte mich anlehnen und habe ganz viel bekommen. Davon profitiere ich nun sehr. In den letzten Jahren bin ich wesentlich stärker geworden, als ich es früher war. Ob es um die Angst geht, die ich nicht mehr habe, oder den Behördendschungel; ich sage nicht: „Oh Gott, wie soll das denn gehen?“, sondern wurschtle mich so durch. In der Regel habe ich eine große Gelassenheit. Grundlage dafür ist, dass ich viel Zuwendung und Liebe in der Beziehung bekommen habe.

Ich wünsche mir, dass ich neugierig auf das Leben bleibe. Was ich machen, aber auch, was ich lassen kann … Vielleicht entwickelt sich in der Wohnform auch noch etwas. Derzeit versuche ich aber, nicht zu viele Veränderungen vorzunehmen. Zwar habe ich einige Kleider zur Diakonie weggegeben – mein Mann hatte nicht viele, aber sehr hochwertige Biofair-Klamotten – und es tat mir gut zu wissen, dass jemand sie weiterverwenden kann. Hingegen behalte ich andere Sachen wie seine Bücher noch, die wegzugeben ich nicht schaffte. Manchmal blättere ich darin herum. Zum Geburtstag hat er mir seinen Werkzeugkoffer geschenkt, den er vorher geordnet hat. Die Werkstatt aufzuräumen hat er leider nicht mehr geschafft.

Von der Selbsthilfegruppe hoffte ich zu hören, wie die anderen ihr Leben wieder meistern. Aber die Frauen, die dort hinkamen, sahen die Gruppe als den Ort, wo sie ihre Bedürftigkeit benennen konnten, und jammerten, weil es zu Hause niemand sonst hören wollte. Mir kam es so vor, als würden manche noch auf derselben Stelle stehen wie vor einem Jahr. Hinterher war ich jedenfalls fix und fertig. Niemand war dabei, der sagte: „Ach, jetzt geht es allmählich wieder. Ich fange wieder an, das Leben zu genießen.“ Ich hätte mich dort nie getraut zu sagen: „Das ist jetzt *mein* Leben. Vorher habe ich viele Kompromisse gemacht und jetzt kann ich mich um mich selbst kümmern.“ Das würden die Frauen nie sagen, das wäre wie ein Verrat an ihren Partnern. Für mich war das nicht der richtige Ort. Stattdessen könnte ich mir eine geführte Trauergruppe vorstellen, die über einen Zeitraum geht mit dem Ziel, sich zu entwickeln. Das wäre anders als ein offener Austausch, wo man immer wieder um dasselbe kreist. Im Benediktinerkloster wird ab und zu ein Trauerwochenende angeboten, da würde ich gern mal mitmachen. Aber Voraussetzung für eine Anmeldung ist, dass der Verlust mindestens ein halbes Jahr her ist, das ist sicher auch sinnvoll. Eine Mischung aus Ritualen, Schweigen und Angeboten fände ich schön.

Man sollte sich ruhig trauen, mit sich glücklich zu sein. Manche sagen zu mir: „Dein Mann hätte sicher gewollt, dass du glücklich bist.“ Ich denke dann immer: „Es reicht doch auch, wenn ich das selbst finde – oder?“

DURCHHALTEN!

Frau H., 48 Jahre alt, zwei Kinder, hat in den letzten sechs Jahren zwei Partner verloren. Tägliche Rituale, körperliche Bewegung, Hilfsangebote und ein Trauerseminar halfen Frau H. in der schwierigen Zeit.

Ich habe meinen Mann vor knapp vier Jahren verloren. Als er die Diagnose bekam, war er ein halbes Jahr schon im fortgeschrittenen Stadium krebskrank. Meine beiden Kinder waren fünf und elf. Sie haben sein letztes halbes Jahr mit ihm verbringen können, so schwer das auch war mit Chemotherapie, zwei Notoperationen und dem körperlichen Verfall. Dass es dann wirklich so schnell zu Ende ging, hätte keiner gedacht.

Es war eine harte Zeit, weil viele Entscheidungen getroffen werden mussten, auch bezüglich der Zukunft; das war umso schwerer, weil derjenige, der die Entscheidungen treffen sollte, innerlich gar nicht so weit war. Mein Mann konnte noch nicht realisieren, dass er bald sterben würde. Was passiert, wenn der Tag x eintritt, auch bezüglich Absicherung, Erbe und Firma, Steuer, Finanzamt …? Zunächst war das Nebensache, aber es musste trotzdem während meiner Trauer und der Trauer der Kinder abgewickelt werden. Das sind die nicht-emotionalen Bereiche, die zu erledigen Trauernde eigentlich nicht in der Lage sind. Aber sie müssen es machen, und es geht dann trotzdem.

Die Trauer an sich und die der Kinder, die ja noch ziemlich klein waren, musste aufgefangen werden. Sie hatten beide ein sehr enges Verhältnis zu ihrem Vater. Das Schwierigste war, ihnen zu sagen: „Es geht bald zu Ende, stellt euch darauf ein", und sich selbst zu fragen: „Wie offen soll ich damit umgehen?" Ich habe die Lösung gefunden, indem ich die Fragen der Kinder nur mit dem Nötigsten beantwortet und nicht mehr erzählt habe, was die Kinder vielleicht gar nicht wissen sollten oder wollten. Ich redete nichts schön, aber ich erzählte auch nicht zu viel. Das war meine Strategie. Ich habe mir Unterstützung gesucht, die ich bei einer Beraterin fand, die Angehörigengruppen von krebskranken Menschen leitet. Sie hat mir auch eine Person vermittelt, die einmal die Woche mit meiner Tochter gespielt hat. Nachdem mein Mann verstorben war und ich mittwochs „meinen Trauernachmittag" hatte, hat sich die Frau dann immer zwei bis drei Stunden um meine Tochter gekümmert und mit ihr Sachen gemacht, die sie eben gern hatte und wozu ich zu der Zeit nicht in der Lage war. Das war eine große Hilfe.

In der letzten Krankheitsphase gab es noch das Palliativteam um meinen Mann, sodass er, wenn er zu Hause war, gut betreut wurde. Als es klar war, dass er stirbt, hatten wir noch eine Woche, in der er bei uns war. Es war ein großer Trost, dass mein Mann im Kreis seiner Familie gestorben ist. Für diese Hilfe bin ich selbst jetzt, nach vier Jahren, noch immer sehr dankbar. Ich habe mich bei der Trauerbewältigung gegen eine Therapie entschieden, weil ich ein resilienter Mensch bin und keine Therapie brauche. Das Trauern ist ja keine Krankheit, sondern ein Prozess. Um den Redebedarf zu stillen, bin ich in eine Trauergruppe gegangen. Das war eine geschlossene Gruppe mit sechs Personen, die sich alle zwei Wochen samstags getroffen hat und von einer Trauerbegleiterin geführt wurde. Es gab jedes Mal ein Thema, so haben wir zum Beispiel auch einmal gemalt. Das war gut, aber zwischendrin hatte ich den Eindruck, ich bin da doch nicht richtig, weil die anderen sich so hängen ließen und ich gar nicht – allein schon wegen der Kinder. Ich bin auch direkt wieder zur Arbeit gegangen. Meinen Job und die Kinder habe ich sozusagen als Therapie genutzt, um erst gar nicht in eine Lethargie zu fallen oder mich hin und wieder krankschreiben zu lassen, so wie es bei manchen in der Gruppe war. Aber letzten Endes hat mir die Gruppe doch viel gebracht. Denn ich musste meinen Freundinnen die Geschichte nicht zum zwanzigsten Mal erzählen. Es gab nun andere Leute, die mich und meine Situation verstehen konnten und die wussten, was Trauer ist. Es ging um Fragen wie „Was gibt mir Trost?" und um Gefühle ... Zum Abschluss haben wir gegrillt, und dann war Ende. Ich habe keinen Kontakt mehr zu den Leuten, höchstens sporadisch. Aber das ist auch in Ordnung so. Ich brauche das nicht mehr. Jetzt sind es seit dem ersten Trauerfall vier Jahre und ich möchte mich auch nicht immer mit dem Thema befassen.

Die Kinder haben sehr unterschiedlich getrauert. Das Mädchen ist sehr offen damit umgegangen, spielerischer, und hat oft über Papa und die Sache an sich geredet. Jeden Tag. Es hat mich getröstet und ich habe es verstanden. Der Junge hingegen wollte gar nicht darüber reden. Mit ihm war es schwieriger, und das ist es auch immer noch. Jetzt ist er in der Pubertät, da fehlt der Papa natürlich auch. Die Tragweite meiner alleinigen Verantwortung wird mir jetzt erst richtig klar.

Wir haben Orte, an die ich fast täglich, zu regelmäßigen Uhrzeiten mit meiner Tochter hingegangen bin, und wo wir Gespräche mit meinem Mann geführt haben, als eine Art Ritual. Ich bin auch allein hingegangen. Körperliche Bewegung in der Natur war auch gut. Wenn ich die Kraft hatte, bin ich viel gejoggt. Ich bin im Ort zugezogen, vor vier Jahren hatte ich noch weniger Bekannte als heute, von Freunden ganz zu schweigen; die wohnen alle nicht dort und ich habe sie sehr vermisst. Auch meine Familie lebt woanders, die Kinder konnten also nicht einfach zur Oma gehen. Aber Hilfsangebote gab es einige, so ging jemand manchmal mit unserem Hund raus, ein anderer hat mir den Rasen gemäht, und die Kleine konnte öfter zur Nachbarin rüber. Das waren handfeste Sachen, nicht so, wie wenn jemand sagt: „Melde dich, wenn was ist.“ Da merkt man, das ist eigentlich nicht so ernst gemeint. Konkrete Angebote sind hilfreicher, am Anfang gab es ein paar, und dann muss man eben sehen, wie man sich organisiert. Man merkt dann auch, wer ein guter Bekannter bleibt und wer mit der neuen Situation gar nicht umgehen kann. Aber es tauchen auch neue auf, die zum fünften Mal wieder fragen, wie es einem geht.

Ich bin nach dem Tod des zweiten Partners sofort wieder zur Arbeit gegangen. Aber meine Tochter wollte gar nicht mehr weg und war sehr auf mich fixiert. Sie gab ihre Hobbys auf, war traurig und verwirrt, obwohl sie in der Schule nicht nachgelassen hat. Sie ist jetzt neun geworden und wirkt älter und zum Teil wesentlich reifer als ihre Altersgenossinnen.

Ich habe mir in meinem ganzen Leben immer alles selber erarbeitet. „So ist die Situation heute“, denke ich mir. „Sie ist zwar nicht gut, aber sie ist da, und daran erfreust du dich.“ Ich frage mich nicht, was habe ich *nicht* und was ist schlecht. Ich gucke, wie ich weiterkomme. Im aktiven Trauerjahr habe ich natürlich gehadert. In der Phase glaubt man nicht, dass es irgendwann besser wird. Aber es ist ein Prozess, den die Natur eingerichtet hat. Ich habe viel über Trauer gelesen. Ein Buch hat mich besonders bewegt, das von Jorgos Canacakis: „Ich sehe deine Tränen." Er beschreibt zum Beispiel, wie es in Griechenland mit den Klageweibern abläuft, denn am Anfang muss man die Gefühle rauslassen.

Nach dem Trauerjahr habe ich einen neuen Freund kennengelernt. Das hätte ich niemals gedacht; aber es geht beides. Die Trauer hatte ich natürlich noch nicht abgeschlossen, trotzdem gehen Liebe und andere Gefühle durchaus. Es hat gepasst, auch die Kinder haben sich gut mit ihm verstanden und umgekehrt. Aber nach einem Jahr Zusammenseins ist der neue Partner völlig unerwartet an einem Herzinfarkt verstorben. Ein plötzlicher Tod ist nochmal ganz anders als einer, den man auf sich zukommen sieht. Dann stand ich wieder da und dachte: Das kann doch nicht wahr sein! Aber auch dieser große Schmerz ist vorbeigegangen.

Die Trauer ist noch nicht ganz abgeschlossen, aber es sind seither zwei Jahre vergangen. Jetzt habe ich mich noch intensiver mit der Geschichte meines Mannes beschäftigt, die vielleicht durch die neue Liebesgeschichte in den Hintergrund gerückt war, aber mit dem zweiten Todesfall wieder präsent wurde. So konnte ich mancher Frage nachgehen und unsere Vergangenheit reflektieren. Für meine Tochter war der zweite Todesfall auch ganz schlimm. Ich bin dann wieder auf das Buch von Jorgos Canacakis gestoßen und schließlich in ein Seminar von ihm gegangen. Es waren ungefähr dreißig Teilnehmer, und alle hatten das gleiche Thema. Es gab nette Leute und gute Gespräche und die Übungen waren gut. Das möchte ich nicht missen.

Es ist jetzt so, dass ich mich viel mehr an kleinen Dingen und an dem, was ich habe, freuen kann. Und ich mache öfter schöne Sachen, sofern ich die Zeit habe. Ich bin spontaner geworden und gönne mir kleine Dinge im Alltag, wie mich zehn Minuten lang in die Sonne zu setzen oder länger mit einer Freundin zu telefonieren. Nicht: „In einem halben Jahr habe ich Urlaub und dann erhole ich mich", sondern ich suche *täglich* die Erholung. Meine Gesundheit zählt in den nächsten Jahren, denn ich bin mir meiner Verantwortung, die ich weiterhin für die Kinder habe, sehr bewusst. Wir gönnen uns mittlerweile mehr und gehen zum Beispiel öfter essen, was wir früher nie gemacht haben. Wir leben ja *jetzt*! Natürlich verprasse ich nicht mein Geld. Es geht um die gemeinsame Zeit. Dadurch, dass es zwischen den Kindern einen großen Altersunterschied gibt, ist es schwierig, etwas Gemeinsames zu finden. Man muss gucken, wie man diese kleine Familie zusammenhält. In allem habe ich jetzt auch mehr „Mut zur Lücke", was zum Beispiel den Haushalt betrifft. Es geht ja auch nicht alles: Haus, Garten, Hund ...

Ich konnte schon immer gut allein die Zeit verbringen. Gerade bin ich dabei, mir ein Hobby zu suchen, für das ich bisher nie die Zeit hatte: im Chor singen, rudern ... Irgendwas werde ich schon finden.

Beruflich arbeite ich in einer Verwaltung, was mir viel Spaß macht, weil es abwechslungsreich ist und ich unter Menschen bin.

Mein Lebensgefühl ist zuversichtlich und positiv, auch hoffnungsvoll. Dennoch muss ich mich auch mit Ängsten auseinandersetzen, denn die Angst vor dem Alleingelassen-Werden ist schon da – nicht massiv, aber sie ist vorhanden. Ich habe keine Phobie, und die Ängste sind nicht lebens- oder beziehungshinderlich.

Meine Herkunftsfamilie wohnt weiter weg. Sie macht viel für mich, ist für mich da, wenn ich sie brauche. Aber meine Trauer verarbeite ich nicht mit meiner Familie. Wir verbringen Familienfeiern miteinander, und ich fahre mit den Kindern regelmäßig zu ihnen, denn die Kinder sollen sehen: Es sind noch alle da, es sterben nicht ständig die Menschen um uns herum, es gibt auch Beständigkeit. Die emotionale Unterstützung finde ich aber eher bei Freundinnen – das ist auch in Ordnung so.

Die Beziehung zu meinem Mann währte fünfzehn Jahre; sie war geprägt von Vertrauen, von Familie und Zusammenhalt. Wir waren eine Einheit. Er war viel älter als ich, hatte mehr Erfahrungen – der Fels in der Brandung. Er hatte schon einmal Kinder erzogen und kannte sich aus. In Erziehungsfragen habe ich ihm und seiner Meinung vertraut und viel davon gelernt. Er war eine starke Persönlichkeit. Aber ich bin auch keine schwache Person und wusste, dass ich nach seinem Tod auch alles schaffen werde.

Mein Mann war der Mutige, der den Kindern immer viel zugetraut hat, während ich eher die Vorsichtige war. Jetzt übernehme ich mehr und mehr seine Rolle und frage mich oft: „Wie würde er jetzt reagieren?“ In schwierigen wie in schönen Situationen sind die Partner noch irgendwie „da“, dann kommuniziere ich mit ihnen.

Im Haus erinnert alles noch an meinen Mann, obwohl ich einiges verändert habe. Ohne die Kinder wäre ich vielleicht weggezogen, aber ich wollte ihnen nicht auch noch die Heimat nehmen.

Es ist ja nicht so, dass meine Kinder niemals einen Vater hatten: Mein Sohn hatte ihn elf Jahre und meine Tochter ihre ersten fünf Jahre. Was er ihnen in dieser Zeit mitgeben konnte, war viel. Das ist ein starker Trost für mich. Mit den Kindern habe ich mal überlegt und festgestellt, dass auch andere Kinder in frühen Jahren ihren Papa verloren haben. So nach dem Motto: „Ja, es ist schlimm, aber guckt mal, die haben das auch erlebt, aber es geht auch wieder weiter. Aus denen ist auch was geworden, es sind tolle Menschen.“ Auch und gerade durch die Verlusterfahrung. Viele Männer sind ja keine wirkliche Unterstützung in der Kindererziehung, sie lassen die Frauen allein. Jetzt kann ich es auch ein bisschen als einen Vorteil sehen, dass ich mich nicht immer mit jemandem absprechen muss.

Wenn ich an die Möglichkeit einer neuen Partnerschaft denke, finde ich, dass die schönen Aspekte überwiegen. Natürlich will ich so etwas wie in den letzten Jahren nicht noch einmal erleben. Es gibt Ängste, aber über eine schöne Beziehung würde ich mich freuen. Derzeit liegt aber die Priorität bei den Kindern. Gut, das habe ich vor drei Jahren auch gesagt – ja, wenn sich das ergibt, dann wäre ich offen. Aber nicht um jeden Preis.

Ich bin kein Mensch, der das Leben durchplant, es hat sich immer so ergeben. Ich bin freier darin geworden, mir keine Gedanken über ungelegte Eier zu machen. Es kommt sowieso wieder anders. Ich kann etwas dafür tun, dass sich die Dinge gut entwickeln, aber ich kann das Leben nicht wirklich beeinflussen. Ich bin nicht Gott.

Ich bin froh darüber, wo ich heute stehe. So möchte ich weitermachen. Ich habe doch alles: einen beleuchteten Kühlschrank, gesunde Kinder, einen Job, ich kann meine Kinder ernähren und bin finanziell unabhängig, ich muss nicht aufs Sozialamt gehen. In den letzten Jahren hatte ich keine Lust zu reisen, mir fehlte die Energie oder der Elan dazu, aber das hat sich geändert. Ich möchte den Kindern – und mir – noch ein bisschen die Welt zeigen.

Ich möchte sie zu glücklichen und lebensfähigen Erwachsenen heranreifen sehen, die nicht darunter leiden, dass sie vielleicht die Trauer nicht richtig verarbeitet haben.

Was ich anderen in einer ähnlichen Situation raten würde? Zunächst muss man Schuldgefühle loswerden. Dass man noch dieses oder jenes hätte tun sollen … Für uns war es enorm wichtig, dass mein Mann zu Hause verstorben ist. Deshalb sollte man sich bei einer Krankheit frühzeitig Gedanken machen: Wo und wie wollen wir die letzte Zeit miteinander verbringen? Denn der Tod kann früher eintreten, als ihn ein Arzt prognostiziert. Da sollte man gerüstet sein und wissen, was es für Möglichkeiten gibt – ob es das Hospiz, eine Palliativstation, ein Krankenhaus ist oder zu Hause sein soll. Das kann man alles in die Wege leiten.

In der ersten Zeit der Trauer muss man einfach durchhalten. Gut ist auch Ablenkung und der Woche, dem einzelnen Tag Struktur zu geben. Aber durch die Trauer hindurch muss man allein gehen und dabei auf die eigenen Kräfte vertrauen.

Und durchhalten!

ICH UNTERHALTE MICH MIT MEINEM LEBEN

Frau E., 60 Jahre alt, vier Kinder. Ihr Mann kam vor drei Jahren beim Rennradfahren ums Leben. Die Erfahrungen der Notfallseelsorge veranlassten sie zu einer Ausbildung in dieser Tätigkeit. Frau E. hat einen neuen Partner gefunden, mit dem sie in einer Wochenendbeziehung lebt.

Johannes war Internist. An dem Tag, als er verunglückte, kam er aus der Praxis, trank mit mir einen Kaffee und aß etwas. Dann verabschiedete er sich, gab dem Hund ein Leckerli und fuhr mit seinem Rennrad los.

Als er um halb acht immer noch nicht zu Hause war, merkte ich, dass es draußen schon dunkel war, und schickte ihm eine SMS: „Muss ich mir Sorgen machen?“ Kurz danach klingelte es und die Polizei stand vor der Tür, zusammen mit zwei Notfallseelsorgern. Ich wusste sofort: Es geht nicht um eines der Kinder, es geht um Johannes. Zwei Kinder waren gerade zu Hause: Anton studierte zu der Zeit noch in Freiburg, aber er hielt sich gerade bei uns auf, und Nora, sie war damals fünfzehn, war auch da.

In so einer Situation ist man nicht bei sich. Ich habe nur gebrüllt und geschrien. Die Notfallseelsorger haben mich auf einen Stuhl gesetzt und ein Glas Wasser geholt, Anton funktionierte wie eine Maschine und hat die zwei anderen Geschwister angerufen und gesagt, sie müssen sofort nach Hause kommen. Sie haben geglaubt, er spinnt … Das war wie in einem schlechten Film. Gruselig. Traumatisch.

Das ist jetzt drei Jahre her. Johannes und ich waren 33 Jahre zusammen und davon 30 verheiratet. Er ist frontal in ein Auto reingefahren – und war sofort tot. So war jedenfalls die Aussage. Johannes hatte immer wieder Herzrhythmus-Störungen, und wir glauben, er hat vielleicht einen akuten Infarkt gehabt und das Auto, das ihm entgegenkam, deshalb nicht gesehen. Den Fahrer, einen alten Herrn von 78 Jahren, traf keine Schuld. Er war noch auf die andere Fahrbahnseite gefahren, weil Johannes so auf ihn zugeschossen kam. Für die Kinder war die Vorstellung leichter zu ertragen, dass ihr Vater an einem Herzinfarkt verstorben ist.

Man sollte jemanden in solch einer Situation nicht allein lassen. Eine gute Freundin kam, als die Notfallseelsorger weg waren, und für Nora haben wir eine Freundin organisiert, denn sie war ganz durcheinander. Als meine Freundin wieder ging, habe ich da allein gelegen. Das war schlimm. Die beiden erwachsenen Kinder kamen gegen Morgen. Am nächsten Tag war auch meine Schwester mit ihrem Mann da, und zu Mittag kam der Bestatter, abends der Diakon.

Die Erfahrung, die ich mit der Notfallseelsorge gemacht habe, hat mich dann letztes Jahr dazu bewogen, mich in dieser Richtung ausbilden zu lassen. Das lief über das Dekanat, katholisch-evangelisch-ökumenisch. Ich empfinde diese Arbeit als sehr sinnvoll und bin seit letztem Jahr im Einsatz: bei häufig erfolglosen Reanimationen, plötzlichem Kindstod und oft Suizidvorfällen. Autounfalleinsätze möchte ich aber im Moment noch nicht begleiten. Ich wurde, da ich selber so eine elementare Verlusterfahrung gemacht hatte, zunächst sehr intensiv befragt, ob ich Menschen in ähnlichen Prozessen wirklich unterstützen kann oder vielleicht befangen wäre. Ich war aber und bin mir auch heute sicher, dass ich diese Aufgabe gerne und gut übernehmen kann.

Wenn ich Einsätze begleite, frage ich immer: Wer ist da, wer kann über Nacht zu den Leuten kommen? Es muss immer jemand im Haus sein und die Betroffenen begleiten, das habe ich aus meiner Situation gelernt. In der Notfallseelsorge achten wir darauf, dass sich die Menschen von den Verstorbenen verabschieden können.

Ich hatte eine ziemlich gute Vorstellung von der Beerdigung. Es war unmittelbar vor Ostern, und ich wollte Johannes noch vor den Feiertagen beerdigen. Dass er nicht eingeäschert, sondern normal bestattet werden wollte, war mir bekannt. Auch aufgrund meines Berufes als Sozialpädagogin und Systemische Supervisorin wusste ich, wie wichtig es ist, das Ganze einigermaßen „ordentlich“ hinzukriegen. Was mich immer angekotzt hat war, wenn jemand zu mir sagte: „Du machst das ganz toll!“ In dem Zusammenhang von einer Leistung zu reden, fand ich schwachsinnig. Ich antwortete darauf: „Nein, ich mach das so, wie ich es eben kann und wie ich denke, dass es zu Johannes passt und für meine Kinder und mich machbar ist."

Nach einem Verlust tut Körperwärme gut, dass jemand nah bei einem ist. Wenn der Trauernde sagt: „Ich hab keine Lust, was zu essen“, dann sollte der andere nicht fragen: „Was willst du denn essen?“ Einfach machen! Ein Butterbrot hinstellen, einen Tee kochen, von mir aus auch das Bad putzen und nicht fragen: „Was brauchst du?“ Der Trauernde weiß es nämlich einfach nicht, er vergisst die elementarsten Dinge.

Die Kollegin meines Mannes, die die Leichenschau machen musste, rief mich am nächsten Morgen ganz aufgelöst an und sagte: „Ich habe Ihren Mann gesehen, bitte lassen Sie es, gehen Sie nicht mehr zu ihm. Er hätte eine Rüstung gebraucht, um das zu überleben.“ Später sagte auch der Bestatter: „An Ihrem Mann war nichts mehr heil.“ So haben wir uns nicht von ihm körperlich verabschiedet, aber ich bin damit im Reinen. Das kann man unterschiedlich sehen, aber ich denke, das war richtig so, denn das, was als Letztes auf der Netzhaut ist, das bleibt in Erinnerung. Ich hätte gern gewusst, ob Johannes ein paar Minuten noch gelebt hat, und am Anfang wollte ich mich mal mit dem Autofahrer treffen, denn ich hatte von der Polizei erfahren, dass es ihm mit dem Vorfall sehr schlecht ging. Eine Woche später schrieb ich ihm einen Brief, dass es mich sehr berühren würde, wenn ich mir seine Situation vorstelle und dass es von unserer Seite aus keine Vorwürfe gibt. Dass er nicht schuldig ist und dass ich hoffe, dass er irgendwann damit zurechtkommt. Er rief mich sofort an und war sehr nett. Er sagte: „Naja, da müssen wir eben Gras darüber wachsen lassen“, aber wie soll das gehen? Er fragte, ob er mir erzählen solle, wie das Ganze abgelaufen sei. Vielleicht später mal, dachte ich ... Der Wunsch danach hat sich aber gelegt.

Wir sind nach dem Unfall von vielen Leuten besucht und mit Kuchen überschüttet worden. Mein Mann war 54 Jahre alt, mitten aus dem Leben raus, die Patienten, Mitarbeiter aus der Praxis ... Es gab so viel zu regeln, aber ich hatte Unterstützung. Meine Schwester, meine langjährige Freundin und der Kompagnon meines Mannes halfen bei allem. Ich wollte einen schönen Gottesdienst und eine große Beerdigung haben. Keinen Kitsch, kein Trompetensolo, kein Saxophon; ich wollte eine gute, aber kurze Verabschiedung. Mein Mann war gläubig, ich bin gläubig; wir glauben daran, dass nach dem Tod das

Leben in irgendeiner Form weitergeht, aber ich wollte keinen Gottesdienst, bei dem alle heulen. Natürlich darf geweint werden, aber man muss es nicht noch mit Kitsch verstärken. Meine Schwester hat die ganzen Vorbereitungen für die Beerdigung organisiert, ich habe den Gottesdienst mitgestaltet. Statt Blumenspenden haben wir um Geldspenden zum Erhalt des Gotteshauses auf dem Dreifaltigkeitsberg gebeten. Das Geld ist dann für einen Blitzableiter für die Kirche verwendet worden – das passte zu meinem Mann! Er konnte nämlich von Null auf 180 gehen, wie ein Gewitter.

500 Leute waren auf der Beerdigung. Ich habe sie alle begrüßt, das war mir wichtig. Denn ich wusste, wenn ich reinschreibe: „Von Beileidsbekundungen ist abzusehen", dann laufe ich die nächsten Monate durch die Stadt und bin nur am Händeschütteln. Das wollte ich nicht, und ich akzeptiere auch das Bedürfnis der Menschen, einem ihr Beileid aussprechen zu wollen. Das muss man eben aushalten. Es war eine große Anstrengung für die Familie! Mein Schwager war eine Riesenhilfe, er hat mich gestützt und stand immer hinter mir am Grab, auch meine Kinder waren neben mir. Wir standen alle unter Schock!

Anschließend waren wir in einem großen Saal eines Lokals mit circa 200 Gästen. Ich bin über mich hinausgewachsen, wie ein Motor, der läuft. Ich habe auch eine Ansprache gehalten, mich bei allen bedankt und gesagt, wie es mich berührt, dass alle da sind und dass sie ihren Kuchen genießen sollen, denn ich sei doch sicher, dass mein Mann das auch so gewollt hätte.

Die Kinder haben alle ganz unterschiedlich reagiert. Thomas, der Älteste, ist gar nicht richtig zu sich gekommen, er hat die Tage und Wochen danach sehr getrauert, viel geweint. Der zweite Sohn Steffen hatte über einen längeren Zeitraum ein Zerwürfnis mit meinem Mann, aber zwei Monate vor Johannes' Tod hatten sie sich wieder angenähert ... Trotzdem war er relativ distanziert in der ersten Trauerzeit. Genauso wie Anton, der dritte Sohn, kann Steffen jetzt erst allmählich über seine Trauer sprechen. Seit dem Zeitpunkt des

Todes seines Vaters ist Anton nur noch in dunkler Kleidung zu sehen. Er hatte beim Studieren danach einen Tiefpunkt, wollte wieder nach Hause ziehen, aber ich habe ihm gesagt: „Geh weiter deinen Weg, irgendwann muss meine finanzielle Unterstützung aufhören. Mach dein Studium fertig!" Er hat das Staatsexamen dann auch gut geschafft. Seine Wohngemeinschaft, die aus lauter alten Schulkameraden besteht, hat ihn super unterstützt. Nora mit ihren fünfzehn Jahren war gerade in der pubertären Revolte und drehte völlig ab. Sie rannte mir ständig weg, den Dreifaltigkeitsberg hoch; sie kam mit ihrer Trauer nicht richtig raus. Nach zwei Wochen meldete ich mich bei der Psychologischen Beratungsstelle an und Nora ging zu einer Kollegin in Beratung, das war eine große Hilfe. Ich war ein Jahr lang bei einem Kollegen fortgeschrittenen Alters in Beratung, das tat mir gut. Als ich merkte, dass Nora und ich uns nur noch ankeiften, rief ich eine Trauerbegleiterin an und wir führten mit ihr ein gemeinsames Gespräch. „Ich möchte dich doch nur unterstützen", erklärte ich meiner Tochter. Nora ging daraufhin zweimal in die Trauerbegleitungsgruppe und ich in eine Selbsthilfegruppe mit dem Titel „Plötzlich allein", wo sich Menschen trafen, die ein ähnliches Schicksal erlitten hatten. Das hat mir gut getan. Manchmal musste ich denken: „Die anderen haben ja noch viel mehr auszuhalten als ich." Was noch geholfen hat: Sport oder abends einfach mal zu jemandem gehen können, um nicht allein zu sein; mit anderen zu Abend essen, in Gesellschaft und nicht immer nur mit Nora allein zu sein. Meine Freiräume kamen mir zugute und dass ich nicht mehr kochen musste – Kochen war oft das Streitthema zwischen Johannes und mir gewesen. Nun konnte ich machen, wozu ich Lust hatte, und keiner stänkerte deshalb herum.

Nora wollte gern ein Holzkreuz an der Unfallstelle aufstellen, das mein Schwager für uns machte. Jetzt, zum dritten Gedenkjahr, habe ich das Kreuz durch einen schönen Gedenkstein ersetzt. Darauf stehen nur sein Vorname und oben drauf ein Rennradfahrer, der den Berg hochfährt. Das sieht schön und würdig aus. An seinem Grab haben wir Stauden und Rosen gepflanzt, etwas ungewöhnlich, aber schön. Auch der Hund, der ein gutes Gespür hatte, wenn es mir nicht gut ging, hat gutgetan. Ein Haustier kann ich wirklich nur jedem empfehlen, vor allem, wenn man sonst viel allein ist. In der ersten Zeit der Trauer habe ich eine große Stoffeule geschenkt bekommen, eher kindisch, aber ich habe geheult und sie mit ins Bett genommen. Später habe ich schrittweise die Umgebung verändert: das alte Bett raus, gestrichen, ich habe mir einen sündhaft teuren, schönen Sessel gekauft … Dinge in der äußeren Welt zu verändern half dabei, Abschied zu nehmen.

In den ersten drei bis sechs Wochen war ich nicht allein. Und nach den Osterferien ging ich wieder arbeiten. Es war gut, dass ich immer berufstätig war und nie länger als ein Jahr damit aufgehört habe. Mein Arbeitgeber hat mich aufgefangen. Im ersten Jahr gab er mir einen Freibrief, so viel zu arbeiten, wie ich wollte. Ich musste meine Stunden nicht aufschreiben und habe mein Gehalt weiter bekommen. Aber ich habe nie gefehlt, ich habe weitergemacht, weil ich es als hilfreich empfunden habe. Zwei Monate später gab ich eine Fortbildung für Leute, die ehrenamtlich in der Flüchtlingsarbeit tätig sind. Die guckten mich völlig konsterniert an. Ich sagte zu ihnen: „Sie wissen, was mir passiert ist. Mir geht es nicht gut. Aber ich habe den Abend für Sie vorbereitet und will ihn auch gern mit Ihnen durchführen. Ablenkung tut mir gut. Deshalb machen wir das jetzt zusammen." Ich finde es wichtig, dass man erklärt, warum man sich so verhält.

Es war mir nicht danach, in Schwarz herumzulaufen. An den Wochenenden war ich viel unterwegs, habe Freundinnen besucht; bis heute gehe ich nicht gerne auf Veranstaltungen im Ort. Es steht mir einfach auf der Stirn geschrieben, was passiert ist. Dem will ich entgehen.

Wir hatten in den letzten Jahren keine gute Ehe. Meinem Mann habe ich immer komplett den Rücken freigehalten, trotzdem hat er mir negativ angekreidet, dass ich arbeiten gegangen bin. Wenn ich beruflich Erfolg hatte, dann dachte er: „Jetzt hat sie ja noch weniger Zeit!" Von seinem Elternhaus war er es gewohnt, dass die Mutter immer da war. Er war ein toller Mann und hatte viele Qualitäten – aber er war auch ein Chauvi, durch und durch. Unsere Urlaube waren toll, ich denke gern daran zurück; aber er ist zu einem Zeitpunkt gegangen, an dem ich mir vermutlich die Frage gestellt hätte, ob ich wirklich bei ihm bleibe. Das Jahr Beratung nach Johannes' Tod war eher eine Art Eheverarbeitung. Ich stellte mir Fragen: Wo bin ich zu kurz gekommen, wo waren meine Anteile und Fehler, die ich gemacht habe?

Vier Jahre zuvor gab es schon einmal eine Phase, in der wir uns eine Trennung überlegt hatten. Damals meinte ich, dass Nora noch zu jung sei und wir versuchen sollten, die nächsten sechs Jahre freundschaftlich miteinander umzugehen. Ich wollte meinen Kindern nicht eine Beziehung vorleben, in der man sich beleidigte und wenig respektvoll war. Wenn ein Arzt in seiner Praxis lauter Frauen um sich hat, die ihn anhimmeln, kehrt er zu Hause eben auch den Chauvi raus. Aber an dem Tag, als er verstarb, war es zwischen uns okay. Das empfinde ich als ein großes Geschenk.

Neulich traf ich am Grab meines Mannes einen jungen Mann. Ich fragte ihn: „Haben Sie meinen Mann gekannt?" Er antwortete: „Nein, aber ich war zufällig an der Unfallstelle. Und seither fahre ich nicht mehr Rennrad!" Ich sagte zu ihm: „Aber wir können doch nicht das lassen, was uns gefällt, nur weil es Gefahr bedeutet. Wir wissen einfach nicht, wann unser Leben zu Ende ist. Ja, es ist extrem ungerecht, wenn jemand jung sterben muss. Aber mein Mann ist an einem herrlichen Frühlingstag auf seinem geliebten Rennrad in einer wunderschönen Umgebung gestorben." Hätte Johannes es sich aussuchen dürfen, wie er sterben soll, dann wäre es vielleicht genauso gewesen.

Ich glaube nicht an einen Gott, der da oben sitzt und Knöpfchen drückt. Der eine muss gehen, der andere darf noch bleiben. Ich denke, dass Menschen viel Freiheit von Gott bekommen haben, ihr Leben zu gestalten. Aber wir kommen alle nicht drum herum zu sterben, und wie der Weg dorthin sein wird, das haben wir nicht in der Hand. Wer hat bei einem Tod den größeren Gewinn: der gestorben ist oder die Hinterbliebenen? Die Hinterbliebenen müssen den Tod aushalten.

Oft denke ich, wie schön es ist, gewisse Dinge erleben zu dürfen. Ich lebe gerne, aber es gibt immer noch Dinge, die extrem nerven, und bei der Arbeit habe ich manchmal schlechte Laune. Die Frage: Was wäre aus uns geworden, wenn Johannes nicht verstorben wäre?, hat sich mir immer wieder gestellt. Hätte ich weiter ausgehalten? Hätten wir wieder die Kurve bekommen? Hätte ich mich scheiden lassen, wäre ich gegangen? Aber ich kämpfe innerlich nicht mit seinem Tod, denn wir sind nicht im Unfrieden auseinander gegangen. Er hat mir wunderbare Kinder hinterlassen, das ist ein großes Glück, das ich trotz allem empfinde.

Der ganze Radfahrerkreis um meinen Mann war eine Clique von zehn Leuten; von ihnen hat sich keiner hier blicken lassen. Sein bester Radfahrfreund kam nie, erst jetzt, ganz zögerlich und langsam, weil ich mich darum bemühe. Es war so, als hätten wir die Pest. Seine Freunde konnten nicht mit Johannes' Tod umgehen.

Der Tod macht den Menschen Angst, sie wollen damit nicht in Berührung kommen. Ich habe gelernt, andere nicht für ihr Verhalten zu verurteilen, sie können einfach nicht anders. Wie hätte *ich* mich verhalten, wenn es jemandem in meiner Umgebung passiert wäre? Hätte ich mich so verhalten, wie ich es jetzt von anderen erwarte? Vielleicht hätte ich es umgekehrt auch nicht gekonnt.

Was ich gelernt habe: Wenn du nicht selber aktiv wirst, dann passiert nichts. Zu Hause sitzen und darauf warten, dass jemand kommt, um einen zu umsorgen, das funktioniert nicht. Man muss aktiv werden. Der Tod schreckt die Leute ab, und wenn er so plötzlich und unvermittelt kommt, erst recht. „Johannes war doch immer so vorsichtig …", hieß es dann. Das bedeutet im Klartext: Wenn es ihm passiert ist, dann könnte es auch mir passieren. Aber damit will sich doch keiner auseinandersetzen, das Thema wird lieber gemieden. Das hat mich die ersten anderthalb Jahre sehr gekränkt. Dann habe ich zu mir gesagt, dass das nichts bringt. Ich kann anderen Leuten nicht beibringen, wie sie mit Trauernden umgehen sollten. Es hilft nichts, sauer darüber zu sein. Man kann es zur Kenntnis nehmen und sich sagen: „Okay, so ist es eben."

Nach einem Jahr habe ich alle Menschen eingeladen, die mir in dem Jahr Unterstützung gegeben haben. Es kamen dreißig Verwandte und Freunde von weit her. Ich hatte ein Buffet vom Metzger, doch leider lag ich mit einem Grippevirus und 40 Grad Fieber im Bett; trotzdem bin ich zwischendrin mit einem Aspirin intus aufgestanden und habe mich bei allen bedankt, dass sie mich so gut begleitet haben und dass das Trauerjahr damit einen guten Abschluss gefunden hat. Ich sagte auch, dass ich hoffen würde, ihnen ebenso gut zur Seite zu stehen, sollten sie einmal meine Unterstützung brauchen. Es gab auch einen Gottesdienst für Johannes. Das will ich, solange ich hier wohne, auch jedes Jahr so beibehalten. Für den Abend habe ich vorher eine Fotowand mit Bildern von Johannes gestaltet, denn er sollte dabei sein. Es wurde dann auch ein wirklich schöner Abend.

Nach einem guten dreiviertel Jahr hatte ich das bewusste Gefühl, dass ich nicht allein bleiben wollte. Ich wollte jemanden finden, der mich mag, und umgekehrt. Mit dem man sich austauschen kann, der auf mich neugierig ist und mit dem man das Leben gut gestalten kann. So jemanden habe ich mir gewünscht.

Daraufhin habe ich mich im Internet umgesehen und meldete mich bei einem Portal an. Mein Profil habe ich zusammen mit einer Freundin erstellt und dann abgewartet, was so kam. Ich wollte zunächst keinen Mann, der bei mir einzieht, aber einen erwachsenen Gesprächspartner.

Meine Vorstellung war, einen Witwer zu finden, weil ich das einfacher finde. Man muss nicht so viel erklären, wie es einem geht, und es gibt keinen Ex-Partner, der einem noch wie ein Gespenst in der Beziehung herumpfuscht, oder mit dem man wegen der Kinder noch zu tun haben muss. Ein Jahr nach Johannes' Tod stieß ich auf Martins Profil, das fand ich sehr sympathisch: evangelischer Pfarrer, verwitwet, drei erwachsene Kinder, lebt in München. Die ersten sechs Wochen haben wir uns nur geschrieben. Zum Todestag meines Mannes schickte er mir eine sehr nette Mail, in der er schrieb, dass es wichtig ist, den Todestag wahrzunehmen und ihn bewusst zu erleben. Als wir uns das erste Mal trafen, dachte ich, dass ich ihn normalerweise wohl übersehen hätte, er war ein ganz anderer Typ als mein Mann. Aber mir gefiel seine Art und Weise zu denken. Seither haben wir eine Wochenendbeziehung. Jeden Abend telefonieren wir miteinander. Wir haben viel Spaß zusammen und verreisen sehr viel. Wir waren schon in Namibia, in Südindien, und bald geht es nach Schweden. Mit Johannes machte ich früher nur Urlaube, bei denen das Fahrrad im Vordergrund stand. Und: Martin ist so nett zu mir! Das ist für ihn selbstverständlich, aber ich habe es manchmal nicht begriffen, dass jemand mir ein Glas Wasser brachte oder morgens einen Kaffee ans Bett. So können meine Kinder auch nochmal ein anderes „Modell" von Mann erleben.

Was die Kinder betraf, so war es schwierig, als ich ihnen nach einem Jahr sagte, dass es wieder jemanden für mich gibt. Anton konnte gar nicht damit umgehen und wollte ihn vorerst auch gar nicht sehen, während wir Thomas, der auch in München lebt, ab und zu treffen. Er behandelt Martin sehr respektvoll. Umgekehrt hat Martin mit seinen Töchtern auch schon bittere Erfahrungen gemacht, als er nach dem Tod seiner Frau – der ja schon länger zurückliegt als Johannes' Tod – eine Partnerschaft einging, die aber wieder zerbrach. Seine Töchter haben sich damals quer gestellt. Nora hat Martin jedoch sofort akzeptiert, sie erlebte mit, wie gut er mir tat.

Ich habe die These aufgestellt, dass, wenn ein Elternteil stirbt, die gleichgeschlechtlichen Kinder stellvertretend für den Verstorbenen eifersüchtig auf den neuen Partner sind. Söhne tangiert es also viel mehr, wenn der Vater nicht mehr lebt und wieder ein Mann auftaucht.

Mittlerweile ist es aber okay. Unsere jeweils eigenen Kinder kennen sich nicht untereinander, nur ganz flüchtig, das ist auch nicht notwendig. Wenn die Kinder bei uns sind, gehen wir sehr diskret miteinander um, auf ihre Gefühle muss man unbedingt Rücksicht nehmen. Manchmal wird gefrotzelt: „Na, wann heiratet ihr denn?" Aber ich antworte: „Das muss euch gar nicht kümmern, es ist doch mein Leben." Ich weiß nicht, wie es später weitergehen wird. Irgendwann werde ich das Haus hier verkaufen und zurück in die Stadt gehen, damit müssen die Kinder klarkommen. Aber planen tue ich es nicht, es kann ja morgen schon wieder alles ganz anders sein.

Wenn man solche einschneidenden Erfahrungen wie mit dem Tod macht, kann es schon sein, dass man Vertrauen in das Leben verliert. Nichts hat Bestand. Man muss akzeptieren, dass man eigentlich nichts in der Hand hat. Ich habe mich ab und zu mit meinem „scheiß-traurigen" Leben unterhalten. Denn in der ersten Zeit nach Johannes' Tod grübelte ich: Was macht das Leben mit mir, ohne dass ich gefragt werde? Ich hatte das Gefühl, ich sei auf der Autobahn gegen eine Mauer geknallt. Ich musste gucken, wie es weitergeht: nicht nach einem Umweg, sondern nach einem *neuen* Weg suchen. Mit diesem inneren Bild konnte ich viel anfangen. Aber es war nicht so, dass ich das Leben als „neu" empfand. Neu klingt nach „interessant", „aufregend". Nein, man hat mich nicht gefragt, ob ich ein anderes Leben haben will. Aber ich nehme es so an, wie es ist, und versuche, die Chancen darin zu erkennen. Und die gibt es. Ich bin in einer privilegierten Situation, ich habe eine Arbeit, bin abgesichert und werde nicht in die Armut fallen. Es ist schön, auch mal was Neues auszuprobieren – ohne das Gefühl zu haben, den Verstorbenen zu verraten. Ich war zum Beispiel in einem Tanzkurs. Die Tanzpartner fand ich zwar schrecklich und ich habe den Kurs wieder aufgehört – aber es hat trotzdem Spaß gemacht. Ich habe es probiert.

Man braucht innere Freiräume, um auszuprobieren. Zieht man sich komplett zurück, kann nämlich nichts Neues mehr passieren.

Jeder Verlust macht einem bewusst, dass etwas zu Ende geht. Wenn der Partner stirbt, wenn die Kinder aus dem Haus gehen, wenn Freunde wegziehen … Das Leben ist von Verlusten und Neuanfängen geprägt. Wenn ein Mensch, der mit einem so viel Lebenszeit und Ereignisse geteilt hat, stirbt, dann holen einen die Gefühle immer wieder ein. Man muss sie aushalten. Und weiterleben.

DER LETZTE LIEBESDIENST

Herr L., 75 Jahre alt, ein Sohn, pflegte seine Frau, mit der er 53 Jahre verheiratet war und die an Darmkrebs erkrankte, mithilfe palliativer Unterstützung zu Hause. Vor einem Jahr starb sie. Die längerfristige gemeinsame Vorbereitung auf das Ableben bewirkte, dass Herr L. keine besonders starken Trauerempfindungen hatte. Er lebt nun in einer neuen Beziehung.

Was macht Liebe aus? Wenn man jemanden hat, den man liebt, dann ist alles, was ihn ausmacht, liebenswert. Der Hauptnenner war bei uns eine echte, jahrzehntelange, tiefe Liebesbeziehung. Das hat sich dann auch bewahrheitet, als es an „echte“ Probleme ging und Waldtraut ernsthaft erkrankte.

Im Herbst 2014 drängte sie mich dazu, mich einer Koloskopie zu unterziehen, denn in meiner Familie ist Darmkrebs schon einige Male vorgekommen. Ich sollte alle fünf Jahre dorthin gehen, aber die letzte Untersuchung lag schon über sieben Jahre zurück. „Ich komme mit“, beschloss sie, und wie üblich machten wir es im Zweierpack.

Bei mir wurde nichts gefunden, aber dafür bei ihr.

Das führte dazu, dass bei ihr im Februar 2015 minimalinvasiv eine Krebs-OP im Dickdarm durchgeführt wurde. Mit Bangen erwarteten wir den Befund. Wurde alles entfernt, oder würde es weiter rumoren? Befund: negativ! Als uns der Arzt eröffnete, dass sie keine Chemotherapie und keine Bestrahlungen brauchen würde, waren wir richtig aus dem Häuschen und dachten, der Krebs würde uns nun nicht weiter beeinträchtigen. Im selben Jahr begingen wir mit einer großen Feier unsere Goldene Hochzeit. Waldtraut war zwar wegen der Rekonvaleszenz noch etwas angeschlagen, aber sie hat das Fest voll genossen. Wir waren um die 50 Leute, reine Verwandtschaft, und haben von mittags um zwei bis nachts um zwei gefeiert und getanzt und das Zusammensein genossen.

In der Zwischenzeit war ich schon einige Jahre pensioniert. Wir machten tolle Reisen und genossen das Leben. Aber im Herbst 2015 meinte Waldtraut: „Irgendwas stimmt nicht.“ Sie ging nochmal zur Koloskopie, wo festgestellt wurde, dass sich im Dickdarm ein Krebsgeschwür breitgemacht hatte. Im Februar darauf wurde sie noch einmal operiert. Der Chirurg schnitt sie auf und nähte sie mit den Worten wieder zu: „Da kann ich nichts mehr machen.“ Das war natürlich ein vernichtendes Urteil. Wir haben es mit einer Chemotherapie versucht, die für Waldtraut ganz fürchterlich war. In der Zeit hatte ich sie praktisch zur Vollzeitpflege zu Hause. Danach ging es ihr wieder ein bisschen besser. „Genieße den Tag!", nahmen wir uns vor, und die Tatsache, dass nun wohl doch das Ende in Sicht war, gab unserer Liebesbeziehung nochmal einen Schub. So tief ist die Liebe von uns beiden sicher vorher nicht empfunden worden.

Im Mai 2017 war eine Nachuntersuchung, bei der der Arzt uns mitteilte: „Heilbar ist der Krebs nicht. Wir könnten mit Chemo weitermachen." Ich war zögerlich, aber Waldtraut entschied: „Nicht nochmal. Ich will kein Krankenhaus mehr von innen sehen." Das haben wir beide so mitgetragen. Dann langten wir nochmal ganz ins Volle: Wir machten zusammen eine Heißluftballonfahrt, flogen nach Portugal und unternahmen einige Reisen hier in der Region. In Oberstdorf genossen wir zum letzten Mal gemeinsam ausgiebig die Alpenwelt – es lief alles ab, was sein konnte.

Ab Mitte Dezember musste sie sich plötzlich erbrechen und konnte nichts mehr bei sich behalten, nicht mal einen Schluck Wasser. Wir holten einen Notarzt, der sie an einen Tropf hängte. Anschließend waren wir bei einem Palliativmediziner und besprachen, wie es weitergehen sollte ... Der Dauertropf war leider unvermeidlich.

Es war klar, dass ich sie zu Hause bis zum Ende pflegen würde. Meine Kräfte sind über mich hinausgewachsen! Ich habe es lange nicht registriert, wie anstrengend es war. Aber ich hatte die beste Motivation: Es war der letzte Liebesdienst, den ich ihr erweisen konnte.

Von der Diakonie kamen die Schwestern, um den Tropf zu füllen und neu anzulegen. „Das kann ich auch machen", sagte ich, nachdem ich ein paarmal zuguckte. Am Anfang konnte Waldtraut mit dem Tropf, dem „Galgengerät", noch ein bisschen durch die Wohnung gehen, aber das wurde immer beschwerlicher. Langsam ging es bergab, bis sie ab März fast ausschließlich im Bett lag; gerade einmal zu den Mahlzeiten rollte ich sie an den Tisch. Durch die längere Bettlägerigkeit bildeten sich ihre Muskeln zurück und sie konnte sich schließlich nicht mehr auf den Beinen halten.

So lag Waldtraut in ihrem Bett, und ich schmuste mit ihr. Sie hat es genossen und erwidert. Wir wussten, dass es bald ein Ende geben würde, aber das tat unserer Liebe keinen Abbruch. Im Mai war es dann schließlich soweit. Abends hatte sie ziemliche Schmerzen und ich stellte die Schmerzpumpe, in die Opiate hineinkamen, deutlich höher. Nach der zusätzlichen Opiumgabe wurde sie ruhig. In den frühen Morgenstunden ist sie wohl verstorben; den konkreten Moment habe ich nicht bemerkt. Wir lagen bis zum Schluss im gemeinsamen Ehebett, und eine Nacht nach ihrem Tod behielt ich sie noch bei mir.

Letztendlich war es ein einfacher Sterbeprozess. Wir hatten die gleiche fatalistische Einstellung. Wir waren beide nicht religiös und akzeptierten den Tod. Er gehört nun mal zum Leben dazu. Der Tod hat Waldtraut für unsere Begriffe zu vorzeitig ereilt, aber sie hat es auf ihre Weise akzeptiert: „Es ist eben mein Schicksal, dass ich nun sterben muss. Das Dumme ist nur, dass du dann ohne mich sein wirst." Wir hatten keine philosophischen Überbauten, sondern stellten uns auf den Tod ein. Eine gute Freundin, die uns öfter besuchte, sagte im Nachhinein: „Mit Waldtraut war es ganz anders als mit anderen Sterbenden, weil sie ganz normal mit ihrem bevorstehenden Tod umging und auch darüber sprechen konnte." Es war für mich eine Erleichterung, dass wir der Sache relativ gefasst ins Auge sehen konnten.

Vor ihrem Tod kam ich vor lauter Rundum-Pflege gar nicht richtig zur Besinnung. Was mir an Zeit blieb, verwendete ich dafür, bei ihr zu sein. Schön war auch, dass einige meiner Schwestern ab und zu kamen und mich entlasteten und dass immer wieder Freundinnen und Freunde da waren, die sie besuchten. Die Zuwendung, die sie von allen bekam, war toll. Deshalb, so würde ich sagen, war es sogar ein relativ schöner Abschnitt in ihrem Leben. Er war auch ziemlich schmerzfrei, weil sie nach Bedarf höhere Schmerzmitteldosierungen erhielt. Allerdings hatten die Opiumgaben manchmal die Wirkung, dass sie phantasierte und sich in irgendwelchen Traumwelten befand. Letztendlich aber war sie bis zum Schluss geistig klar. Das ist natürlich eine schöne Sache, wenn der Mensch, den man bis zum Tod begleitet, geistig und emotional präsent ist und reagieren kann. Dass es für sie ein schönes Hinübergleiten war, gab mir eine Art Befriedigung. Diese längerfristige Vorbereitung auf Waldtrauts Ableben bewirkte, dass ihr Tod nicht so beängstigend für mich war. Es gab keine starken Trauerempfindungen, weil ich akzeptiert habe: Ja, so ist es.

In meiner Umgebung gibt es einen palliativmedizinischen Versorgungsverein, zu dem ein Arzt und speziell ausgebildete Krankenschwestern zur Betreuung gehören. Direkt im Nachbardorf wohnte eine von ihnen, die ich anrufen konnte, wenn ich Hilfe brauchte. In zehn Minuten war sie da! Wenn man zu Hause einen Angehörigen bis zum Tode pflegt und von kompetenten Leuten einen Rückhalt hat, dann ist das eine schöne Sache. Zum Beispiel ist mal abends um zehn Uhr die Portnadel herausgerissen worden, da habe ich die Krankenschwester angerufen. Sie kam sofort und brachte wieder alles in Ordnung. Ohne dass ich sie bestellt hatte, kam sie regelmäßig einmal die Woche und fragte: „Wie geht's? Braucht es Änderungen in der Medikation?" Ich fühlte mich wirklich gut aufgehoben. Das war was ganz anderes, als beim Arzt im Wartezimmer zu sitzen und im Zehn-Minuten-Takt durchgeschleust zu werden.

Es ist ein Vorteil, wenn sich der Tod langsam anbahnt. Für mich war es wesentlich, dass Waldtraut und ich mit offenen Augen der Sache entgegensehen und alles besprechen konnten. Wir haben die Situation akzeptiert. Waldtraut war 79 Jahre alt, und wenn es einen in diesem Alter erwischt und man ein schönes Leben verbracht hat, dann kann man zum Tod auch „Ja" sagen – ebenso der Partner. Wenn man ein gewisses Alter erreicht hat, muss man doch den Tod akzeptieren. Denn wir sind alle sterblich.

Die Beerdigung erfüllt mich heute noch mit Befriedigung. Auch darüber hatten Waldtraut und ich schon lange vorher gesprochen.

Irgendwann war mein Sohn mit Frau bei uns zu Besuch. Ich sagte damals: „Die Beerdigung will ich nur im allerengsten Familienkreis halten." Die Vorstellung einer großen Feier mit vielen Leuten, die kommen und die Hand schütteln, mir Beileid wünschen – fürchterlich! Meine Schwiegertochter erhob Einspruch: „Das geht aber nicht. Waldtraut hat so viele Freunde und Bekannte, die wollen sich doch alle von ihr verabschieden!" Da musste ich dreimal schlucken. Im Laufe des Gespräches kamen wir darauf, dass ich es hasse, wenn bestellte Personen oder Pfarrer, die kaum eine Verbindung zum Verstorbenen haben, Reden halten. Das fand auch meine Schwiegertochter und bot sich wenige Wochen später an: „Ich mache das." Das freute mich sehr. Wir organisierten also tatsächlich eine Beerdigung ohne Pfarrer. Ein Bestattungsinstitut hat zwar die Formalien erledigt, aber die Feier hat die Familie zusammen gestaltet. Mein Sohn hat moderiert, was ihm etwas Schwierigkeiten bereitete, da ihm die Stimme versagte. Wir hörten uns ein Lieblingschanson von Jacques Brel an: „Ne me quitte pas." Meine Schwiegertochter hat eine Rede gehalten, die so persönlich, ansprechend und grandios war, dass alle Zuhörer überwältigt waren. Meine Enkelin trug ein eigenes Gedicht vor und mein Enkel ließ psychedelische Sphärenmusik erklingen, mit Andeutungen von Glocken ... Draußen zwitscherten die Vögel. Das war sehr ergreifend. Ich selbst trug ein Lieblingsgedicht von Waldtraut vor und kam damit glücklicherweise bis zum Schluss, ohne dass ich abbrechen musste. Musikalisch eingerahmt war das Ganze von einem ehemaligen Kollegen am Klavier und der Tochter einer Freundin, die Oboistin ist. Danach trug ich die Urne zur Grabstätte – ein Rondell, das mit Steinen eingefasst ist, unter einem Blutahorn wunderschön gelegen. Die vielen Gäste folgten mir, wir hielten eine Gedenkminute, und ich setzte die Urne an ihrem Platz ab. Dann lud ich die Beerdigungsgäste in eine Wirtschaft zu Kaffee und Kuchen ein. Dort hielt ich noch eine Art Diavortrag, bei dem ich Waldtrauts Leben mit Bildern dokumentierte. Anhand der Bilder versuchte ich die Verbindung zu den Gästen zu demonstrieren. Am Abend lud ich noch die engere Trauergemeinde zum Essen ein, und das war's dann. Die Beerdigung war Waldtraut gemäß und ein krönender Abschluss.

Ich war innerlich sehr ruhig und gelassen und habe mich über mich selber gewundert. Das kam sicher daher, dass ich wusste: „Das hast du schön gemacht.“ Von Trauer würde ich deshalb gar nicht reden, sondern eher von Zufriedenheit, dass es so ausgegangen ist. Im Sinne von: „So war es eben. So musste es sein – so ist das Leben.“ Waldtraut lebt doch hier drin weiter in meinem Herzen! Sie befeuert mich weiterhin mit guter Laune. Insgesamt bin ich – so wie früher auch – ein ziemlich positiv gestimmter Mensch. Jetzt geht das Leben weiter, jetzt hat es wieder neue Herausforderungen parat.

Zehn Jahre vor Waldtrauts Tod, als ich etwa 65 war, dachte ich: „Sollte Waldtraut vor mir sterben, dann brauche ich bestimmt sofort wieder eine neue Frau.“ Doch je näher ihr Tod rückte, desto mehr wurde mir der Gedanke vertraut: „Jetzt wirst du bald allein weiterleben.“ So war es auch nach ihrem Tod. Ich war überhaupt nicht auf eine neue Beziehung eingestimmt.

Aber dann hat es mich ganz schnell wie der Blitz erwischt! Ich habe mich neu und ganz unvorhergesehen verliebt. Das Schicksal schlug wieder zu.

Nach der Beerdigung sagte eine meiner Schwestern: „Du musst jetzt raus hier. Komm erst mal mit uns nach Portugal.“ Sie und ihr Mann haben dort ein schönes Anwesen. Das Angebot nahm ich an und besuchte sie für vierzehn Tage. Dort streckte ich alle Viere von mir. Nach diesem Aufenthalt dachte ich: „Jetzt mach ich eine Runde durch Europa und besuche alte Freunde.“ Unter anderem ging ich zu einer Uraltfreundin, die Waldtraut und ich seit vielen Jahren kannten. Und da hat es mich erwischt! Plötzlich sind wir in Liebe zueinander entbrannt. Das war ein grandioses Gefühl! Alle meine Schwestern und Freunde, denen ich das erzählte, fielen mir um den Hals. Sie waren froh, dass es mir so erging. Auch Waldtraut würde es gut finden, denn sie schätzte unsere alte Freundin sehr.

Die Einzige, die reservierter reagierte, war meine Schwiegertochter. Aber das kann ich auch verstehen. Sie hat sich mit Waldtraut und ihrem Tod so intensiv auseinandergesetzt, dass ihr die neue Beziehung ziemlich abrupt vorkam.

Meine Freundin und ich leben ziemlich weit auseinander, ich bin mal hier, mal dort, und wie es weitergeht, steht noch in den Sternen. Noch bin ich flexibel genug, um mich auf alle möglichen neuen Varianten einzulassen, was für eine neue Beziehung durchaus förderlich ist. Ich würde mich als sehr anpassungsfähigen Menschen bezeichnen und finde es spannend, offen für weitere neue Entscheidungen zu sein. Wohin sie mich führen werden? Ich weiß es nicht …

ES WIRD SICH WEISEN

Frau M., 63 Jahre alt – ihr Mann verstarb vor zwei Jahren an einer Lungenentzündung, die er sich nach einem Schlaganfall zugezogen hatte. Seit dem Verlust gestaltet sie ihre sozialen Kontakte bewusster und versucht, entschleunigter zu leben, nicht zu viel zu planen und zu organisieren.

In den ersten Jahren unserer Beziehung hatten Rolf und ich absichtlich getrennte Adressen und lebten in verschiedenen Wohngemeinschaften, ich in sehr vielen, er nur in drei. Rolf war aufgrund einer Kinderlähmung Rollstuhlfahrer. Ich habe ihn so kennengelernt und wir haben unser Leben so verbracht; für mich ist das selbstverständlich, dass ich es oft vergesse zu erwähnen. Die Behinderung war, wenn überhaupt, dann politisch ein Thema – er war in einer Gruppe aktiv, um Lebensbedingungen zu verändern –, aber seine Einschränkung stand nicht im Vordergrund, auch nicht für unser Leben.

Rolf hatte ein ruhigeres Temperament als ich. Wir waren 40 Jahre lang ein Paar und haben 20 Jahre lang zusammengelebt.

Als er nach einem Schlaganfall die Intensivphase in der Klinik schon hinter sich hatte, kam er in die Reha. Das war gefühlt der Punkt, an dem die Talsohle durchschritten war und er am Anfang eines langen Rehabilitationsweges stand. Doch dann befiel eine Lungenentzündung seinen geschwächten Körper – sein Tod kam deshalb völlig unerwartet.

25 Jahre zuvor hatte mein Mann einen Herzinfarkt gehabt, einmal eine Lungeninsuffizienz (verringertes Lungenvolumen), ein anderes Mal einen Armbruch, was für einen Rollstuhlfahrer eine besondere Einschränkung bedeutet. Ich habe ihn also schon oft in Kliniken besucht und wir hatten darin sozusagen Übung. Ich kannte die Intensivstation, ein Besuch dort war für mich nicht beängstigend. In all der Zeit dachte ich nicht einmal konkret an den Tod, da ich die Erfahrung machte: Es geht ja weiter! Manchmal braucht's nur ein neues Hilfsmittel, wie für die Lunge eine Atemtherapie und für den Infarkt viele Medikamente.

Nach dem Schlaganfall hatte er eine linksseitige Lähmung, die allerdings schon besser geworden war. Seine Sprache war betroffen, was wohl die gravierendste Einschränkung darstellte. In den letzten drei Wochen seines Lebens brach sich seine Sprache gar nicht Bahn oder nur sehr wahllos (motorische Aphasie). Obwohl sein Verstand noch klar war, konnte er nicht die Worte finden, die er sagen wollte.

In der Reha bekam er viel Logopädie. Auch Physiotherapie, damit er wieder im Rolli sitzen konnte; durch das lange Liegen hatten sich seine Muskeln zurückgebildet. So gingen alle möglichen Therapeuten ein und aus.

Ich nahm mir eine Wohnung in der Nähe der Rehaklinik. Just an dem Wochenende, bevor er verstarb, war ich nochmal bei meinem Hausarzt und ließ mir eine ambulante Bäderkur verschreiben, um auch mal etwas für mich zu tun. Ich stellte mich darauf ein, am Ort der Reha erst einmal zu bleiben, ohne genau zu wissen, für wie lange. Das war dann umsonst, denn Rolf bekam die Lungenentzündung. Direkt nach dem Schlaganfall war das Thema Tod eigentlich sehr viel näher gewesen. Insofern kam sein Ableben plötzlich und unerwartet.

So waren, kurz gefasst, die Begleitumstände seines Todes.

Es war eine Vollmondnacht, als ich die Klinik verließ. Trotz des Gefühls, das Schlimmste sei überstanden und ich müsse nun etwas für mich tun, hatte mich der letzte Tag, den ich mit ihm am Krankenbett verbracht hatte, sehr beunruhigt, da er starke Atemnot hatte. Er konnte sich kaum rühren, sodass wir den letzten Tag damit verbrachten, optimale Lagerungen zur Linderung der Atemnot zu finden, denn die Pfleger kamen auch nicht so häufig. Das war sehr anstrengend und als ich abends rauskam, weinte ich furchtbar, was mir sonst selten passierte. Ich dachte mir zwar: „Mein Gott, jetzt steh ich hier und heule“, aber niemals: „Jetzt stirbt er.“

Die Lungenentzündung hatte er sich am Tag vor seinem Lebensende aufgrund seines geringen Lungenvolumens und des generell geschwächten Körpers eingefangen.

Ich weiß von einigen Freunden und Bekannten, die das Sterben ihrer Liebsten begleiten durften, wie viel ihnen das gab. Ich weiß viel über Trauern und Sterben, doch jetzt bin ich selbst betroffen und das ist anders als in der Theorie zu wissen, welche Trauerphase nun ansteht. Oder die Erkenntnis: Die Menschen sterben halt, wie sie sterben; die einen, wenn alle da sind, die anderen, wenn sie ganz alleine sind.

Ich wäre gerne bei ihm gewesen, als er verstorben ist. Mir wäre es so wichtig gewesen, in dem Moment seines Todes am Bett zu sitzen, zumal er in seinem Leben so häufig in Kliniken war. Als ich an unserem letzten gemeinsamen Tag ging, war es nur wie ein Abschied bis zum nächsten Morgen. Ich erinnere mich so oft an sein letztes „Ciao!", das so tief aus der Bettdecke kam, weil er von seinem Pfleger schon eingemummelt und gelagert war. Das war sozusagen die Verabschiedung. Ich denke manchmal darüber nach, ob es ihm selbst bewusst gewesen sein mag. Ich weiß noch genau, wie ich morgens, bevor ich wie üblich zu ihm zum Frühstücken gehen wollte, auf mein Handy schaute, ob ich vielleicht einen Anruf verpasst hatte, da ich am Abend zuvor auf der Station meine Besorgnis mitgeteilt hatte. Ich dachte: „Prima, ich habe keinen Anruf verpasst, mal gucken, wie es heute ist." Und dann kam die Nachricht von seinem Tod.

Ich bin immer gerne alleine gewesen, war immer aktiv und habe die ersten 20 Jahre alleine bzw. in verschiedenen WGs gelebt. Das war mir ein hoher Wert. Als Rolf und ich dann zusammenzogen, war es mir sehr wichtig, meinen eigenen Bereich zu haben mit Türen, die ich hinter mir schließen kann. Oft habe ich zu Freunden gesagt: „Jetzt ziehen wir zusammen, es wird sich über kurz oder lang klären, ob das Sinn macht." Das hat uns ausgezeichnet: Wir haben viel zusammen, aber auch viel getrennt voneinander gemacht.

Auf dem Markt, den wir immer gemeinsam samstags besuchten, fragte mich mal eine unserer Marktfrauen: „Was machst du denn jetzt? Du warst doch total auf deinen Mann fixiert, ihr habt ja alles zusammen gemacht!" Da entgegnete ich: „Ja, meine Liebe, das war *samstagvormittags* so!" Ich hatte auch Bekannte, die ihn gar nicht kannten.

Momentan arbeite ich bei einem ambulanten Dienst für Behinderte, den wir gemeinsam mit anderen in den 80er Jahren gegründet haben. Es ist eine inhaltliche Fusion aus Angeboten für kognitiv eingeschränkte Menschen, die einen Selbstvertretungsanspruch haben, was mir als ehemalige Sonderschullehrerin wichtig war. Der inhaltliche, politische Aspekt hat uns sehr verbunden. Wir hatten keine Kinder, wir wollten keine. Aber der Verein war – was ich früher so nie gesagt hätte – unser „Baby“. Mein Mann hat sozialpolitisch weitergearbeitet, er war Geschäftsführer eines Wohlfahrtsverbandes, bei den Grünen in der Sozialpolitik tätig und hat die Freiwilligenagentur aufgebaut. Mein Ding war – oder ist immer noch – die Abteilung geistig Behinderter oder, wie man sie heute nennt, kognitiv eingeschränkter Menschen. Dieses gemeinsame Interesse hat unseren Alltag bestimmt, ohne dass wir darüber reden mussten.

In Marburg lebt man als behinderter Mensch ganz gut. Es gibt viele unterstützende Institutionen, die alle Sparten von Behinderungen gut abdecken. Erst im Urlaub fiel mir auf, wie die Leute alle schauen. Oder mit *mir* reden, anstatt mit *ihm*. Bei uns ist das nicht so. Hier guckt niemand. Marburg ist ein wenig wie die „Insel der Glückseligen“.

Eine Zeitlang habe ich immer gesagt: „Es muss immer noch abgeklärt werden: Unterdrückt die nicht behinderte Sonderpädagogin den Krüppel, oder unterdrückt der Krüppelmann die Frau?“ Wir haben eine sehr gleichberechtigte Beziehung geführt, wenn auch mit Arbeitsteilung. Das fällt mir jetzt besonders auf, da Rolf nicht mehr da ist. Die Steuererklärung habe ich immer gerne ihm überlassen. Auch meinte ich irgendwann: „Ich glaube, ich kann nicht mehr kochen“, da dies immer seine Leidenschaft war. Natürlich kann ich es noch, aber es gibt jetzt keine Fünf-Gänge-Menüs für sieben Leute mehr.

Mit seinem Tod haben sich unter anderem ganz praktische Gewohnheiten geändert. Als er in Frührente ging und ich noch arbeitete, war das Essen immer fertig, wenn ich nach Hause kam. Danach sind wir nochmal raus gegangen. Wenn ich heute nach Hause komme, mag ich mich nicht mehr mit Freundinnen verabreden, da ich schon tagsüber so viel gesprochen habe. Mit meinem Mann war das anders. Manchmal haben wir geredet, manchmal nicht. Das ist ein unsichtbarer Wert, der fehlt. Früher hätte ich dieses Ritual nicht als „Wert“ beschrieben, weil es so selbstverständlich war. Doch dafür gibt es keinen

Ersatz und ich will auch keinen haben. Das wäre künstlich. Ich habe Freundinnen und das ist sehr wertvoll, aber etwas anderes.

Nach Rolfs Tod fing ich an, meinen Alltag, vor allem in Bezug auf soziale Kontakte, bewusster zu gestalten. Ich habe mich zwar schon immer mit meinen Freundinnen getroffen und in der akuten Trauerphase waren alle sehr für mich da. Es ist nicht so, wie man häufig hört, dass diese Beziehungen auslaufen. Ich habe einen großen Pool an wertvollen Menschen, aber die Kontakte gestalte ich jetzt eben bewusster. Im ersten Jahr war alles noch so akut, da war ich froh, alleine sein zu können. Jetzt im zweiten Jahr ist das anders. Ich feierte Tage wie Weihnachten oder Ostern zwar nie bewusst, doch jetzt denke ich: „Ostern ist ein Familienfest, da muss ich doch etwas machen!" Ich will aber auch nicht so viel planen und organisieren, nicht den Tag „vollballern", nur damit er so schnell wie möglich vorbei geht, sondern höchstens mit ein, zwei schönen Sachen wie mit einer Verabredung, einem Theater- oder Konzertbesuch füllen. Zu zweit hätten wir das auf uns zukommen lassen und es hätte sich wahrscheinlich etwas Nettes ergeben. Doch jetzt bin ich mir unsicher: Sollte ich jetzt etwas tun, damit ich nicht alleine bin, oder ist das für mich wirklich nicht schlimm?

Das, was ich schon immer gerne gemacht habe – Konzerte besuchen, ins Theater gehen –, mache ich jetzt gezielter und bewusster. Nicht, weil ich sonst Angst habe, alleine zu Hause zu sitzen, sondern einfach, weil ich nun selbst für mich sorgen muss und so auch eher auf meine Bedürfnisse gucke. Manchmal kaufe ich mir mit Absicht keine Karte und lass das dann so auf mich zukommen – und an mir vorbeiziehen.

In der Anfangszeit nach seinem Tod bin ich nach Hause gekommen und war richtig froh. Das Zuhause war meine Höhle der Erinnerungen, es zog mich dorthin. Dass ich endlich die Tür zumachen kann und die Zeit so vergeht, wie ich es will. Nun denke ich aber häufiger an Veränderungen, zum Beispiel an die Strukturierung der Wohnung. Ich habe seitdem kaum etwas verändert. Und mittlerweile gestehe ich mir das zu und frage mich: „Wenn das jetzt in zehn Jahren noch genauso aussieht, ist das dann eine chronische Krankheit?“ Ich weiß es einfach nicht. Zum Teil tut es mir einfach gut, seine Sachen um mich zu haben. Doch vor allem habe ich das Gefühl, dass alles so bleiben soll wie es war, die alte Ordnung ist ein Stück Beständigkeit für mich.

Ich bin gut strukturiert und neige zum Planen. Aber manchmal klappt das nicht und dann ärgere ich mich. Kurz nach seinem Tod kam mir plötzlich eine altmodische Redewendung in den Sinn: „Es wird sich weisen.“ Ich meine damit, eine abwartende Haltung einzunehmen und das Leben zu nehmen, wie es kommt. Nicht alles modellieren wollen. Das war ein ganz neuer Gedanke, den ich zuvor noch nie hatte. Diese Einstellung passt eigentlich gar nicht zu mir, doch sie ist mir bis heute geblieben, sie ist in mich hineingesickert. Und das tut mir gut.

Mein früheres Leben hatte häufig etwas Kämpferisches, man lief immer mit der geballten Faust in der Tasche herum und war strikt für oder gegen irgendetwas. Auch in meinem Beruf erlebe ich es häufig, dass es ums Werten und Bewerten geht. Ich merke, dass es mir wichtiger wird, Dinge anzuschauen, ohne diese gleich zu beurteilen. Früher hätte ich das als Beliebigkeit bezeichnet, doch das hat sich geändert. Ich denke nun, Fragen sind wichtiger als Antworten und Anschauen ist wichtiger, als sofort eine Wertung zu haben. Mein Mann konnte das besser als ich. Vielleicht kam diese Wandlung bei mir, da er und all das, was ihn ausgemacht hat, weggefallen ist. Das lässt mich vielleicht eher die Augen offenhalten. Es hat auch mit Akzeptanz zu tun. Ich nehme mich „entschleunigt“ wahr. Ich wäre früher viel schneller über Dinge genervt gewesen. Heute denke ich eher: „Was ist denn das jetzt? Das will ich mal genauer angucken.“

Ich bin in der Situation, dass ich nächstes Jahr in ein Sabbatjahr gehe, an dessen Ende mein Ruhestand steht. Das heißt, ich arbeite noch elf Monate und dann mal gucken, wie ich mein Leben gestalte. Ich habe schon die eine oder andere Idee, doch ich mag nicht sofort durchplanen, bloß damit keine Langeweile aufkommen kann. Meine Überlegung wäre: Ich warte ab, bis das Urlaubsgefühl vorbeigeht, und sehe dann, was noch „auf Halde" liegt. Eventuell kann ich noch etwas in einem Bereich machen, der mit meiner Arbeit zu tun hat und hinter dem ich wirklich stehe. Ich bin sehr froh, dass wir beide kein großes Projekt vorhatten, wie eine Weltreise oder Ähnliches. Ersetzen muss ich deshalb nichts. Bis es soweit ist, habe ich mich an die Leere neben mir ja auch schon ein bisschen gewöhnt.

In einem Sterbefall gibt es so viele Sachen zu tun und das hat auch eine Funktion. Man ist immer beschäftigt, man muss Dinge erledigen, bevor man dann müde ins Bett fällt. Ich habe auch recht schnell wieder angefangen zu arbeiten. Das Loch, wie es manche Menschen beschreiben würden, in das man nach einem Verlust fällt, war dadurch bei mir nach außen nicht erkennbar. Aber es äußerte sich unsichtbar im Wegfall von vielen wertvollen Dingen, die ich zuvor schon beschrieben habe. Religion hatte bei uns beiden nie eine Rolle gespielt. Das Wertvollste, das mir geholfen hat mit der Situation umzugehen, sind die vielen, unterschiedlich nahestehenden Freundinnen und Freunde, gemeinsame und auch eigene. Das wusste ich davor gar nicht so zu schätzen. Das gemeinsame Trauern hat mich ohne Ende getragen! Mit dreien habe ich richtig zusammen geweint, obwohl ich im Weinen wirklich nicht gut bin.

Noch wichtiger war das gemeinsame Scherzen über ihn, das gemeinsame Lachen. Rolf war sehr beliebt, aber er war auch ein knorriger Mensch. Er hatte viele Ecken und Kanten, liebenswerte oder auch nicht.

Ein gutes halbes Jahr nach dem Todesfall versuchte ich an zwei Trauergruppen teilzunehmen, eine kam nicht zustande und mit der anderen war ich nicht zufrieden. Ein halbes Jahr später ging ich in die Reha und danach kehrte ich nicht mehr zur Gruppe zurück. Die erste Gruppe hat sich dann später wieder gefunden, dort bin ich dann hingegangen. Ich fühlte mich zwar wohler, merkte aber, dass die Zeit dafür vorbei war. Ich hatte nicht das Bedürfnis, meine Geschichte immer und immer wieder zu erzählen. In der ersten Zeit ist es wichtig, dafür sind solche Trauergruppen passend. Ich wollte bereits im ersten Trauerjahr eine Therapie anfangen, da ich etwas nur für mich machen wollte, doch ich kam einfach nicht dazu, da es so viel zu tun gab. Nach der Reha war ich frisch und voller Tatendrang und schaute mich nach Therapeuten um. Das hat dann auch sofort beim ersten Telefonat geklappt. Die Therapeutin hatte ihr Büro neben dem kleinen Friedhof, wo der Baum meines Mannes steht, sodass ich dachte: „Das ist jetzt ein Zeichen!" Der Zyklus ging 25 Sitzungen und ist nun beendet. Sie sagte in der Anfangszeit sehr häufig: „Sie haben ja alles gemacht, Frau M." Als wollte sie sagen: „Was wollen Sie hier?" Ich hatte das Gefühl, ich weiß alles, was zu tun ist. Somit war ich mit allem ein bisschen zu spät dran. Es war, wie es war.

Wenn ich rational über die Möglichkeit einer neuen Partnerschaft nachdenke, glaube ich, dass das irgendwann wieder möglich wäre. Aber ich bin noch so erfüllt von der Beziehung zu meinem Mann, dass es keinen Raum für etwas Neues gibt. Ein Freund fragte mich ein dreiviertel Jahr nach dem Todesfall: „Und, gibt es in deinem Leben einen neuen Mann?" So ganz selbstverständlich. Ich war so perplex, dass ich nur meinte: „Nö." Da habe ich zum ersten Mal einen Gedanken daran verschwendet. Viele trauen sich nicht direkt zu fragen, sind ganz zurückhaltend. Eine Freundin sagte: „Es gibt ja auch andere Wohnformen" und meinte so etwas wie ein gemeinschaftliches Wohnprojekt, in dem man zusammen älter wird. Darauf antwortete ich: „Ich will aber gar nicht raus aus meiner Wohnung!" Derzeit will ich in mein Leben niemanden reinlassen und noch nicht mal in meine Wohnung, weil ich Bad und Küche einfach nicht mehr teilen mag. Nicht einmal mit den liebsten Menschen. Auch bei Urlauben buche ich immer Einzelzimmer, selbst wenn es nur für fünf Tage ist. Wie soll da noch ein Mann reinpassen? Der müsste zumindest draußen vor der Tür warten!

Eine Freundin verliebte sich nach dem Tod ihres Mannes in eine Frau. Aber so etwas kann man sich nicht ausdenken und planen.

Der oder die kann an der nächsten Ecke stehen, aber ich habe das Gefühl, dass es erst noch ein bisschen Zeit braucht, bis sich mein Blick dafür öffnet. Gerade bin ich froh, wenn ich meine Ruhe habe. Rolf und ich waren immerhin eine sehr lange Zeit zusammen, ich war 23, als wir ein Paar wurden. Das waren zwei Drittel meines Lebens! Die Formulierung „Er war der Mann meines Lebens" passt insofern.

Ich habe mich schon sehr viel mit dem Thema „Tod" beschäftigen müssen. Zwei meiner Freundinnen sind verstorben und auch beruflich musste ich Bestattungen mitorganisieren. So wusste ich auch genau was zu tun war, als mein Mann verstarb.

Nach dem Schlaganfall kam der Arzt und sagte: „Sie müssen eigentlich eine gesetzliche Betreuung in Betracht ziehen, wenn es noch eine Einblutung im Gehirn geben sollte." Die Vorsorgevollmacht mussten wir mit einem Notar am Krankenbett machen, da mein Mann ja nicht sprechen konnte und sichergestellt werden musste, dass er bei klarem Verstand war. „Das mache ich für mich dann gleich hinterher", sagte ich damals. Es hat zwar nochmals zwei Jahre gebraucht, aber jetzt habe ich sie anfertigen lassen. Wenn ich sterbe, möchte ich keine Schmerzen haben, auch wenn ich dadurch kürzer lebe. Das ist nicht ganz neu, aber neu ist die Haltung, dass ich das deutlich machen muss.

Ich glaube es stimmt, dass ich keine Angst vor dem Tod habe, da ich nicht weiß, was dann kommt. Aber ich habe Angst vor dem Prozess des Sterbens und den Schmerzen. Das ist mir nochmal bewusster geworden. Kurz nach Rolfs Tod dachte ich öfters: „Wenn ich jetzt eine todbringende Erkrankung bekomme?" Ich habe nicht an Selbstmord gedacht, auch wenn ich Krebs gehabt hätte, hätte ich einfach weitergeschaut und vielleicht hätte mein Leben im Hospiz geendet. Insofern hat sich meine Sichtweise auf den Tod nicht sehr viel geändert, aber ich habe mich mit meinem eigenen Tod nochmal deutlicher auseinandergesetzt.

Ich habe kein Gegenüber mehr, die Liebe meines Lebens habe ich verloren. Das ist meine zentrale Erfahrung.

ICH DREHE MICH UM 180 GRAD

Frau P., 67 Jahre alt, ein Sohn. Ihr Mann ist vor 2½ Jahren an Leukämie verstorben. Nach 42 Jahren Partnerschaft, in der Frau P. zugunsten ihres Mannes viele Interessen zurücksteckte, versucht sie nun, mehr auf sich zu hören. Räumliche Veränderung und Therapiestunden bei einem Psychologen helfen ihr dabei.

Zweieinhalb Jahre sind keine Zeit, wenn man über 40 Jahre verheiratet war. Wir haben alles gemeinsam gemacht. Es gab kaum einen Tag, an dem wir getrennt waren. Mein Leben habe ich ganz auf ihn eingestellt, viel mehr, als er sich auf meines eingestellt hat.

Ich komme aus dem Kohlenpott und bin mit meinen Eltern hierhergezogen, als ich 13 war. Herbert und ich haben uns im beruflichen Leben getroffen und sind dann in seinen Heimatort ins Schwabenland gezogen. Er war mein erster – und mein einziger Mann. Als junge Frau war ich ein schwieriger Mensch. Seine Kindheit war mit weniger Problemen behaftet als meine. Er konnte mich auffangen; eigentlich war er auch ein Vater für mich. Bei ihm bin ich zur Ruhe gekommen.

Er hatte viele Interessen und Hobbys, im Besonderen die Filmerei – darin war er regelrecht begnadet. Er konnte Filme unglaublich interessant gestalten: Hochzeitsfilme, Dokumentationen wie z. B. von der Fasnacht in unserem Ort oder zum Thema Heimat und Geschichte. Was er in Angriff nahm, das war hundertprozentig. Ich war die, die ihn dabei unterstützt hat.

Ich habe eigentlich wenig Eigenleben entwickelt. Mit der Zeit dann schon etwas mehr, aber zuerst war ich sehr auf ihn fixiert. Ich habe ihn mehr oder weniger machen lassen, denn seine Aktivitäten waren mir oft zu viel. Er hat im Ort viel bewirkt und vorbereitet; leider konnte er die Wirkungen nicht mehr selber miterleben. Dann kam die Krankheit. Im Jahre 2014 wurde festgestellt, dass sein Blutwert der Leukozyten ganz niedrig war. Ab sofort musste er Fremd-Blutgaben bekommen. Nach einem halben Jahr stellte sich heraus, dass die Leukämie ausbrechen würde. Da hat es geheißen, er muss sofort handeln, um sein Leben zu retten. Es wurde ihm eine Knochenmark-Transplantation empfohlen und man hat Spender gesucht, aber leider keinen gefunden, denn er hatte eine seltene Blutgruppe. Wir fanden schließlich einen Verwandten, der zu 50 % seine Werte hatte, und dieser hat auch gespendet. Nun dachten wir, es geht in Richtung Gesundheit. Aber es hat leider nicht gegriffen. Insgesamt waren es fünf Wochen zwischen der Transplantation und seinem Tod.

Das Schlimme war, dass sein Gehirn als Erstes betroffen war. Er hat sehr rasch abgebaut. Dann ging alles ganz schnell. Der Arzt in der Klinik sagte, das bringt alles nichts mehr. Ich bin nach Hause und wollte am nächsten Tag wieder hingehen, aber da war er schon verstorben. Er tut mir so leid, immer noch. Er war 67 Jahre alt und mitten im Leben. Er hat von der Klinik aus am Laptop immer noch Sachen dirigiert. Ich wusste, was er noch alles im Kopf hatte und dass er Filmanträge angenommen hatte. Leute riefen an und fragten, wo er denn bleibt ... „Um Himmels willen", antwortete ich, „er ist doch verstorben!"

Ich sehe ihn immer noch als „das blühende Leben" vor mir. Der Abbau ging so schnell, dass ich ihn nicht *so* in meinem Kopf behalten habe, sondern als den spritzigen, gesunden Menschen, als der er noch während der Blutgaben gewirkt hat. Gehadert habe ich eigentlich nicht, aber ich habe immer wieder den letzten Morgen zuhause rekonstruiert: mit gepackten Taschen, er streichelt den Hund, schließt die Wohnungstür, öffnet das Garagentor, wir fahren weg – und er kommt nie wieder – er kommt als Leiche zurück.

Später hab ich den Garten angeguckt und gedacht: Alles dies hier hat er geschaffen, ich sehe ihn überall – jetzt bist du mit all dem ganz allein. Wie ein Blitz durchfährt dich der Gedanke, dass du ab jetzt niemanden mehr an deiner Seite hast; es ist, als breche eine Hälfte von dir in den Abgrund. Mein Sohn ist natürlich da, aber er hat sein eigenes Leben, seine Familie ... Und jetzt musst du mit einem Mal ... Das kann man gar nicht beschreiben, es legt sich eine große Schwere in dein Inneres. Es war so, wie wenn ich mich plötzlich um 180 Grad drehe. Ich habe vorher in eine völlig andere Richtung geguckt, nun habe ich auf einmal eine ganz andere Wahrnehmung. Alle Menschen, denen ich jetzt begegnet bin, waren mir ganz wichtig; ich sehe jeden mit anderen Augen an, viel klarer, jeden Einzelnen. Zuvor wog man sich ja so in Sicherheit, ganz unbewusst, man hat ja einen Partner, man ist zu zweit ... Man denkt gar nicht darüber nach. Und jetzt bin ich auf jeden Menschen angewiesen. Das ist wirklich ein ganz anderer

Blickwinkel. Mit der Zeit hat das ein wenig nachgelassen, es ist nicht mehr ganz so heftig. Inzwischen habe ich auch ziemlich viel hingekriegt, z. B. das mit dem Autofahren. Er saß ja meistens am Steuer, ich nur ab und zu, aber die Autobahn habe ich ihm überlassen oder auch das Aussuchen einer Strecke oder eines Zieles. Jetzt habe ich gelernt, allein in den Urlaub zu fahren, zusammen mit meinem Hund. Ich plane, ich buche, ich fahre. Darauf bin ich nun ein wenig stolz.

Mein Papa ist vier Monate nach meinem Mann verstorben und meine Mutter wiederum vier Monate nach ihm. Ich habe die ganzen Sachen allein abgewickelt. Heute denke ich mir: Wie war das möglich? Es war unglaublich viel Papierkram, viel zu organisieren. Ich funktionierte nur noch. Es war ein ganz schweres Gefühl, aber ich habe gewusst, das muss alles laufen. Ich bin Kauffrau und das alles war mir nicht fremd, aber emotional war das schon heftig: innerhalb von acht Monaten diese drei Todesfälle von nahestehenden Menschen. Ich habe gekämpft, dass die Gefühle nicht überlaufen. Das Emotionale kam erst viel später, eigentlich erst jetzt so richtig.

Ich habe nach dem Tod meiner Eltern das Haus renovieren lassen, außen und innen, weil für mich zunächst klar war, dass ich in „unserem Haus" wohnen bleiben werde. Ich habe mich von „unserem" Auto getrennt und mir ein anderes zugelegt, eines, das für mich passt. Dann ging ich daran, seine gesamte Kleidung zu entsorgen, denn immer, wenn ich die Schranktür öffnete, sah ich seine Sachen und hatte mit einem Mal das Gefühl, er sei noch da! Da kriegt man einen Vogel! Also, was tun? Er brauchte sie doch nicht mehr, aber es gibt Menschen, die können sie verwenden. Also, weg damit! Solche Dinge habe ich gleich erledigt. Zwei Monate lang nach seinem Tod hatte ich einen „Altar" gemacht: ein Bild von Kerzen und Blumen umgeben. Nachher habe ich mir gesagt, das schaffe ich jetzt ab. Im Zuge der Renovierung habe ich alle Bilder ab- und später nicht mehr aufgehängt. Ich weiß doch schließlich, wie er aussah; ich weiß, wie meine Eltern aussahen, ich habe sie in meinem Herzen drin – und muss nicht jedes Mal, wenn ich hinschaue, einen Stoß versetzt bekommen. Es gibt noch ein Bild von Herbert, da hinten in der Ecke, wo man nicht gleich hinschaut, und das reicht aus.

Für meine Eltern war es geregelt, wie sie bestattet werden sollen, aber nicht für meinen Mann. Er hatte auch keine Patientenverfügung. Der Arzt sagte: „In diesem Fall brauchen Sie sie nicht, denn es gibt keine Alternative". Da war ich erleichtert. Denn ich hätte es nicht übers Herz gebracht, zu entscheiden. Sein Gehirn war schon kaputt, da hätte man nichts mehr machen können. Ich wollte es mit ihm sogar noch regeln, als er im Krankenbett lag, aber dann dachte ich: Damit kannst du ihn doch jetzt nicht konfrontieren, wir gehen doch davon aus, dass er es überlebt! „Gibst du mich denn schon auf?", hätte er mich gefragt. Ganz unvorbereitet auf seinen Tod war ich nicht – er vermutlich auch nicht –, aber ich habe ihn verdrängt. Letztendlich war es unter diesen Umständen, bei dieser schlimmen Krankheit, für ihn und für mich am besten so, denn er hätte kein schönes Leben mehr gehabt.

Es ist ein Prozess, ihn innerlich herzugeben und damit einig zu sein. Wenn ich mit dem Hund laufe – meistens allein – dann kommen die Erinnerungen wieder. Der ganze Ort erinnert mich an ihn.

Jetzt habe ich mich entschieden – das kam ziemlich plötzlich –, dass ich aus dem Haus raus muss! Obwohl ich es erst renoviert und einiges verändert habe, um es im Alter einmal leichter zu haben. Erstens sind Haus und Garten viel zu groß, und dann diese Erinnerungen. Es ist unser Haus gewesen, das haben wir beide geschaffen, aber *er* ist nicht mehr da. Nun will ich auch nicht mehr hier sein. Also habe ich mir eine neue Wohnung gekauft, die gerade gebaut wird, und am Jahresende werde ich einziehen können. Ich freue mich total darauf. Ich spüre jetzt schon, dass mir der Weggang aus der so vertrauten Umgebung, die 42 Jahre lang mein Leben, unser Leben war, unheimlich schwerfallen wird. Aber ich muss es tun – genau jetzt! Ich bin gerade noch jung genug für einen Neuanfang. Manche verstehen es nicht und sagen: „Wie kannst du nur!" Aber andere sagen wieder: „Du hast ganz recht!" Und ich denke: „Ja, ich weiß ganz genau, dass ich das will, und niemand anderer kann mir eine solche Entscheidung abnehmen!“ Ich muss einen Schnitt machen unter meine Vergangenheit. So lange Zeit durfte ich dies alles haben – und jetzt ist eben etwas Neues dran!

Mein Hund ist schon so alt, nach Menschenalter 99 Jahre. Ich habe große Angst, ihn zu verlieren, denn wenn er stirbt, dann stirbt mein Mann nochmal – daran mag ich gar nicht denken. Er ist mir eine Stütze, ich fühle mich nicht allein, er schläft in meinem Zimmer, und ich muss regelmäßig rausgehen mit ihm, unter die Leute. Was sich alles nochmal verändert in meinem Leben, wenn er nicht mehr da sein wird – ich möchte jetzt noch nicht weiter darüber nachdenken.

Anfangs hatte ich gleich losgelegt mit Kontakte pflegen und unterwegs sein. Jahrgänger – seine Jahrgänger! –, zu denen habe ich gesagt: „Lasst mich nicht im Stich!“ „Nein“, sagten die, „natürlich nicht, du gehörst doch zu uns.“ Da bin ich ein paarmal hingegangen und jetzt spüre ich, dass mir das nicht mehr guttut. Es sind lauter Paare, ich bin die Einzige, die allein ist. In diesem Jahr wäre mein Mann 70 geworden. Alle Jahrgänger werden 70, sie machen ein großes Fest, ich erhielt sogar eine Einladung. Aber da kann ich nicht mitmachen, niemand von denen weiß, wie sich das für mich anfühlen würde. Ich merke, dass ich in letzter Zeit gar nicht mehr unter Leute gehen kann. Ich war bei keinem Vereinstreffen oder sonstigen Events dabei. Überall fühle ich mich inzwischen wie ein fünftes Rad am Wagen. Ich spüre, dass die anderen denken: „Nun ist es auch mal wieder gut. Jetzt muss sie es doch in Griff kriegen“. Sagen tut es natürlich keiner, aber man spürt – sie haben den Verlust abgehakt.

Es fällt mir nicht schwer, mit mir allein zu sein, denn ich habe einen guten Bezug zu mir selbst. Aber es ist ein Unterschied, ob man allein ist oder sich einsam fühlt. Ich hatte schon richtig schlimme Zeiten, da gab es regelrechte Abstürze. „Warum ausgerechnet der Herbert?“, haderte ich dann. „Und warum ausgerechnet ich?“ Dazu kommt, dass es mit meinem Sohn schwierig ist, er hat sich problematisch entwickelt. Er hatte zum Papa ein kompliziertes Verhältnis. In einem von ihm verfassten Brief, den er in seine Urne steckte, schrieb er, wie unendlich leid es ihm täte. Wir haben alles gegeben, wir als Eltern. Und da ist noch die kleine Enkelin, die in ungeklärten Verhältnissen aufwachsen muss – das sind alles Ereignisse, die mir große Sorgen machen. Da kann man nicht einfach loslassen und sich entspannen, denn es geht mich etwas an. Ich sehe das Kind nur alle paar Wochen, kann nur ab und zu mal etwas Gutes für sie tun. Das ist eine Herausforderung, bei der ich mir dennoch sagen muss: Mach dich davon frei. Ich kann es ja doch nicht beeinflussen. Aber wenn die Kleine dann bei mir ist und ich sie vor mir sehe, sind die Sorge und die Ohnmacht wieder da. Dann braucht es wieder lange, bis ich davon lassen und denken kann: „Nein, du musst zu deinem eigenen Leben finden." Es wird schwer werden, denn dies alles hatten wir beide zusammen gemeistert, ja es hat uns zusammengeschweißt. Jetzt bin ich damit alleine – den Glauben daran, dass ich das eines Tages schaffen kann, darf ich nicht verlieren. Und weil unser Sohn erwachsen ist, muss er es schließlich selbst hinkriegen.

Alle sechs Wochen gehe ich zu einem Psychologen. Das hatte ich schon angefangen, als mein Mann noch lebte. Die Schwierigkeiten, die ich als Kind hatte, die waren auch nicht einfach weg. Schon das Aussprechen hilft mir. Die Resonanz tut mir gut. Und dass man nicht immer nur um sich selbst kreist ... In eine Selbsthilfegruppe oder Ähnliches gehe ich nicht. Die Probleme anderer aufzunehmen – dazu sehe ich mich noch nicht in der Lage; das Zuhören gelingt mir noch nicht. Über meine Gefühle kann ich sowieso nicht mehr mit anderen sprechen, das wird denen zu viel, das spüre ich. Die machen gleich zu – so muss ich es eben mit mir selbst ausmachen. Ich könnte jede Menge Kontakte haben, aber mir immer anzuhören, was bei denen so läuft und welche Probleme die haben, dafür habe ich keine Geduld und kann nicht wirklich mitfühlen. Das nehme ich den Leuten aber nicht übel, denn schließlich war ich ja früher genauso. Ich möchte gerne eine Gruppe oder Ähnliches finden, in der ich mich aufgehoben fühle. Bei zwei Freundinnen fühle ich mich allerdings superwohl. Sie sind noch im Berufsleben und haben nicht so viel Zeit. Aber einmal im Monat oder so, sind sie für mich da, das ist für mich in Ordnung.

Manchmal denke ich, es ist doch nicht normal, dass ich niemanden sehen will. Ich bin ein richtiger Stubenhocker geworden, will nur mit bestimmten Leuten zusammen sein. Da bin ich ganz empfindlich. Liegt es am Ort? Die sind hier alle so wahnsinnig aktiv und rührig. Oder sehe ich nur die Aktiven? Ich muss einfach lernen, noch viel mehr zu mir zu stehen. Es ist nicht so, dass ich zurückgezogen bleiben will, ich bin ja vielseitig interessiert. Ich merke, ich muss mich aus dem herauswinden, muss spüren, wer ich bin. Ich würde vielleicht gern das Schreiben wieder aufnehmen und auch malen. Die Ausrüstung habe ich schon.

Ich muss auch noch lernen, mich wohlzufühlen, wenn ich allein unterwegs bin; in der Öffentlichkeit ist es schwer, zu Hause macht es mir nichts aus. Dass ich jetzt in ein Mehrfamilienhaus ziehe, ist vielleicht ein Vorteil, da werde ich Geräusche von den Nachbarn hören. Aber es ist auch mutig, denn hier im Haus bin ich mein eigener Herr, ich kann nachts Musik aufdrehen oder staubsaugen, muss auf niemanden Rücksicht nehmen … Ich lebe unrhythmisch, anders als die meisten. Ich habe mich immer auf Herberts Rhythmus eingestellt, aber langsam lerne ich, mehr auf mich zu hören. Herbert war schnell und agil, und heute denke ich: Das war nicht *mein* Rhythmus. Ich bin kein Mensch, der ständig irgendeinem Plan nachjagen muss.

Jetzt fange ich an, darüber nachzudenken: Möchte ich allein bleiben oder möchte ich nochmal einen Menschen in mein Leben reinlassen? Und wie würde sich das anfühlen? Es haben sich auch schon welche interessiert. Jetzt kann ich noch sagen: „Du, es ist noch nicht so lange her, ich brauche noch Zeit." Heimlich habe ich auch schon in die Wochenzeitung geguckt, aber eigentlich bin ich doch noch gar nicht bereit. Und wenn, dann müsste es etwas Getrenntes sein – und man sieht sich nur, wenn *ich* es will! Das würde so aber nicht wirklich funktionieren. Ich kann mich doch noch gar nicht auf einen anderen Menschen einlassen. Vielleicht wäre das dann so, dass er sagt: „Komm, wir machen heute was zusammen …" Ich müsste aber meistens „Nein" sagen. Das kann ich keinem zumuten. Aber manchmal wünsche ich mir eine Schulter zum Anlehnen. Dass man Gespräche hat, dass ein Mensch da ist, der sich für einen interessiert – und ich mich für ihn. Dem ich ein Anliegen bin – das war doch der Ehemann, das war was Vertrautes. So einen zu finden, ist ein Sechser im Lotto.

Ich bin dabei, das Universum zu bitten, die verschlungenen Wege mal zusammenzuführen. Ich bewundere die, die sich gleich wieder auf etwas einlassen können, darauf bin ich beinahe neidisch. Und dennoch ist eine Partnerschaft doch auch wieder eine Einschränkung.

Mit Kontaktaufnahme bin ich schon sehr vorsichtig, denn wenn ich den Kontakt vielleicht nicht mehr will, wie werde ich denjenigen dann wieder los? Nach meinem Seelchen muss ich gucken, dass ich ihm nicht zu viel zumute.

Dabei hat meine Schwägerin schon gesagt: „Wirst schon sehen, wenn der Richtige kommt und du Schmetterlinge im Bauch hast, dann vergisst du alles." Es ist interessant, dass das offensichtlich mit dem Alter nichts zu tun hat. Dass es einem immer noch passieren kann. Auch mein Sohn ermutigt mich, obwohl er natürlich genau hingucken würde, mit wem er es denn in Zukunft zu tun bekäme.

Ich habe mich in all den Ehejahren viel zu sehr zurückgenommen. Aber ich bin froh darüber, eine Partnerin gewesen zu sein, die für ihn da war. Seine Anliegen, ja seine Interessen haben auch mich immer irgendwie inspiriert. Ich habe es selbst so entschieden, ich war so sehr in seinen Sachen drin, dass einfach kein Platz für meine eigenen war. Mehr verreisen, selbst schreiben … Er konnte es weniger nachvollziehen, wenn ich was für mich gemacht habe. Unterstützt hat er mich da nicht so. Und trotzdem waren wir ein tolles Team!

Manchmal denke ich: Wenn mein Mann wiederkäme, ich würde ihn sofort wieder in mein Leben lassen. Aber es müsste sich schon manches ändern. Es könnte nicht so bleiben, wie es war. Schon zu seinen Lebzeiten sagte ich oft zu ihm: Du lädst dir so viel auf, als hättest du alle Kraft der Welt. Wir machen als Paar zu wenig gemeinsam! Das hat mir immer gefehlt. Ihm nicht. Er ist völlig in seinen Aktivitäten aufgegangen.

Ich habe mich selbst blockiert, so bin ich ja aufgewachsen: Die Frau folgt dem Manne, meine Mama lebte mir das vor! Ich fühle, dass vieles in mir steckt, was ich jetzt wirklich leben kann. Und leben muss. Darauf bin ich neugierig, brauche aber noch ein wenig Zeit, um es in die Tat umsetzen zu können.

Ich weiß, es wird noch schwer, alles loszulassen, aber es gibt Neues, worauf ich mich freue. Ich möchte noch eine gute Zeit haben, bevor ich mich dem Alter hingebe.

Ich wollte zum Beispiel immer gern verreisen. Herbert ist nie gern weg aus dem Ort. Ich möchte immer noch nach Australien gehen – aber eben nicht allein. Was andere Paare noch alles vor sich haben! Darauf bin ich ein wenig eifersüchtig, nein, eigentlich nur traurig darüber, dass ich außen vor bin, sozusagen „aus dem Nest gefallen".

Ich bin nicht mehr dieselbe, heute muss ich meine Frau stehen. Ich habe mir inzwischen viele Wünsche erfüllt, wie das mit dem Auto, das zu mir passt. Ich habe gelernt, mit mir selber klarzukommen. Ich habe meinen eigenen Tagesrhythmus entwickelt. Aber ich bin erst dabei, mir ein eigenes Leben aufzubauen. Das Wegziehen ist eine Möglichkeit, um neu anzufangen und in die Gänge zu kommen. Ich will auch mal was für andere tun. Ich bewundere die, die sich im Altersheim ehrenamtlich engagieren. Das kann ich nicht, jedenfalls noch nicht, zu sehen, was mich in nicht allzu weiter Ferne selbst einmal erwartet. Jemandem einmal die Woche vorlesen, das ginge vielleicht.

Ich habe bisher noch das Gefühl, gleich überfordert zu sein. Emotional kann ich mich schlecht abgrenzen. Zuerst, nach Herberts Tod und dem Tod meiner Eltern, musste ich mich zurückhalten, um zu funktionieren. Und jetzt kommen so langsam die Emotionen. Ich lasse sie hochkommen und versuche, sie dann loszulassen. Ich bin noch nicht wieder so richtig im Leben drin.

Alles, was ich nach seinem Tod weggegeben oder aussortiert habe, musste ich zunächst in die Hand nehmen und dann war ich wieder in der Vergangenheit drin. Das tut mir überhaupt nicht gut. Ich will nach vorn schauen. Ich bin im Aufbruch.

Mein Fazit ist, dass ich jetzt noch die Gelegenheit habe, mehr ich selbst zu sein. Dass ich mich frage: Wer bin ich, was ist in mir drin und wie lebe ich das? Das ist schon mal unfassbar viel – was das auch immer bedeuten mag. So möchte ich dann Abschied nehmen vom Leben – aber jetzt ist es noch nicht so weit. Ich möchte auch noch für jemanden wertvoll sein und etwas geben können. Das habe ich noch nicht genug gemacht, aber ich weiß, dass ich die Fähigkeit dazu habe. Ob es die Enkel oder auch andere Menschen sind. Aber es darf nicht zu sehr Energie kosten, denn ich habe immer weit über meine Vorräte hinaus agiert, und das darf nun nicht mehr sein.

In den letzten Jahren konnte ich sehr viel mehr über mich nachdenken und habe erkannt, wofür es sich zu leben lohnt: dass man anderen etwas gibt, ohne dass es einen selbst auszehrt.

KEINE BERÜHRUNGEN MEHR

Herr W., 72 Jahre alt. In der Pflege seiner Frau, die an einem Hirntumor litt, kam er an seine körperlichen Grenzen. Ihre letzten Tage verbrachte sie in einem Hospiz, in dem sie vor 1½ Jahren starb. Herrn W. fehlen freundschaftliche Kontakte und er findet es schwer, auf körperliche Berührung zu verzichten.

Die Brücke überm Bach war Erikas Lieblingsort. Wenn man dort steht, kommt das Wasser auf einen zu, und wenn man sich umdreht, dann sieht man, wie es abfließt. Je nachdem, ob man Kraft holen will, lässt man es auf sich zufließen, und auf der anderen Seite lässt man die Sorgen los. Wenn ich an der Brücke vorbeikomme, sehe ich Erika direkt vor mir.

Erika und ich haben mehrere Kinder und wir haben immer viel Zeit für die Familie aufgewendet. Sie hat früher, als ich sie kennenlernte, gearbeitet, später hat sie sich immer zugunsten der Familie zurückgenommen. Vor sieben Jahren bin ich in den Ruhestand gekommen. Endlich wollten wir viel Zeit miteinander verbringen. Es gab eine gewisse Erwartungshaltung an unser künftiges Leben – aber meine Frau ist bereits mit 66 Jahren verstorben. Schon Wochen vor ihrem Tod, wenn ich morgens die Tageszeitung aufschlug, sah ich vor meinem inneren Auge *ihre* Anzeige drinstehen. Ich dachte, das darf ich doch eigentlich nicht, ich sollte doch die Hoffnung haben, dass es wieder aufwärts geht – warum sollte bei ihr kein Wunder geschehen? Immerhin sagt ein französisches Sprichwort: „Wunder kommen zu denen, die an Wunder glauben."

Im April 2017 sagte sie, nachdem sie beim Schwimmen war: „Du, ich wäre fast ertrunken!" Sie war am Beckenrand entlanggelaufen, und plötzlich war ihr rechter Fuß weggerutscht. Es war darin kein Gefühl mehr. Wir nahmen an, dass das ein kleiner Schwächeanfall war. Aber die Beeinträchtigung mit dem Fuß nahm zu. Der Arzt konnte organisch nichts feststellen.

Morgens hat sie immer Sudokus und Kreuzworträtsel gemacht, dabei musste ich kaum mal helfen. Doch eines Morgens wusste sie gar nichts mehr. „Was ist los?", fragte ich. „Ach, ich bin einfach müde", erklärte sie. „Ich brauche ein Medikament, das mich kräftigt." Aber sie ist nicht zum Arzt gegangen. Eines Morgens lachte sie mich an – mit einem völlig schrägen Gesicht. Ich bin so erschrocken! „Da stimmt was nicht", sagte ich. Im Krankenhaus vermutete man einen Schlaganfall, deshalb wurde ein MRT gemacht. Die Ärztin kam und erklärte: „Sie haben einen Hirntumor. Da kann man nichts mehr machen." In mir brüllte ein lautes „Nein"! Jetzt wussten wir, woher die rechtsseitige Lähmung und die Gedächtnisausfälle kamen. Erika bekam Chemotherapie und Bestrahlungen.

Im Fernsehen sah ich eine Sendung über ein Antikrebsmittel, ein spezielles Methadon. Eine Mikrobiologin, die an der Uni in Ulm arbeitet, fand zunächst eher zufällig heraus, dass dieses Methadon Krebszellen abtöten kann. Sie hatte eine freiwillige Patientin damit behandelt, und in dieser Sendung war deutlich zu sehen, dass deren hirneigener Tumor, ein Glioblastoma, sich wieder zurückbildete. Nach zwei Jahren war die Patientin wieder vollständig gesund! Das Problem ist, dass diese Art von Methadon mittlerweile fast nichts kostet und die Pharmaindustrie lieber teure Antikrebsmittel verkauft und kein Interesse daran hat, offizielle Studien zu finanzieren. Darum wird das Medikament nicht auf den Markt gebracht. Es hat gedauert, bis ich an das Mittel kam. Mittlerweile sind durch die Mikrobiologin Studien in die Wege geleitet worden, die auch finanziert werden. Ich habe eine Ärztin gefunden, die mir das Methadon verschrieb. Wir wollten es unbedingt einsetzen, und dazu noch mit einer Low-Carb-Ernährung ergänzen. Das Essen habe ich selber zubereitet und das Methadon unter Absprache mit dem Onkologen ins Krankenhaus gebracht und meiner Frau verabreicht. Eine weitere Therapie war die Behandlung mit Weihrauchkapseln, da Weihrauch die Entzündungsprozesse im Hirn zurückdrängt. Morgens um acht ging ich täglich zu ihr in die Klinik und blieb dort bis abends um neun. So konnte ich bei ihr sein und die Behandlung parallel mit meinen Therapien begleiten. Im Anschluss gingen wir in die Reha, aber nach der ersten Verlängerung beschlossen wir: „Wir kehren nach Hause zurück." Wir konnten keine richtigen Fortschritte erkennen und die körperliche Belastung der Therapien überforderte Erika sichtlich.

Wir sind katholisch, und unsere Haltung ist so, dass wir in unserem Glauben getragen werden. Meine Frau hat die Situation so hingenommen, wie sie war. Sie hat keine Schmerzen gehabt, nie. Nach der letzten Untersuchung im Dezember 2017 sagte sie, dass sie keine weitere Therapie mehr will: „Wenn meine Zeit abgelaufen ist, dann bin ich bereit, das so zu akzeptieren." Die Situation hat mich sehr belastet, aber ich habe ihre Entscheidung mitgetragen. Zweifel überkamen mich: „Mache ich das richtig? Hätte ich noch andere zusätzliche Therapien veranlassen sollen?" Auf dem Gebiet gibt es ja unzählige Möglichkeiten, von Scharlatanen bis zu teuren Kliniktherapien. Nachts war ich wach und kämpfte mit mir: „Wo kann ich anrufen, im Internet recherchieren? Was soll ich noch tun, was lassen? Habe ich zu wenig gemacht? Muss ich Erika sterben lassen?" Innerlich war ich völlig zerrissen und in einem richtig schlimmen Zustand. Die letzte MRT-Untersuchung zeigte, dass der Tumor zum Stillstand kam. Das wäre für mich und den Onkologen der Klinik ein Ansatzpunkt gewesen, um weiterzumachen. Aber auch da gab es wieder einen Zwiespalt: „Was tue ich ihr an, wenn wir weitermachen? Sie ist halbseitig gelähmt, völlig abhängig von mindestens zwei Pflegekräften, unsere Kinder müssen mithelfen ... Schaffen wir das? Was ist das dann noch für ein Leben?" Die Situation hat mich körperlich und seelisch mitgenommen. Erika wog circa 100 Kilo, ich musste sie mehrfach am Tag umlagern, in den Rollstuhl rein, die Pflege und so weiter ... Ich handelte mir mehrere Brüche im Unterbauch ein. Dann hielt ich es nicht mehr aus und machte einen Termin für eine OP. Ich buchte für Erika eine Woche in einem Pflegeheim, wo ich sie für die Zeit während meines Klinikaufenthaltes unterbringen konnte. Danach kam sie wieder heim, aber ich sollte noch ein paar Wochen Schonzeit haben. Unsere Kinder setzten ihre Urlaube ein und unterstützten mich zu Hause. Morgens und abends kam auch noch der Pflegedienst, aber das hat nicht immer Sinn gemacht. In dringlichen Situationen war ich dann doch oft auf mich allein gestellt. Nachdem ich zur Unterstützung bei der Pflege sowieso dabei war, sagte ich irgendwann: „Nein, Schluss. In dieser Form bringt mir der Pflegedienst zu wenig." Es blieb einfach zu viel an mir hängen. Deshalb organisierte ich privat eine 24-Stunden-Pflegehilfe. Sie war uns eine große Hilfe.

Da wir keine Kliniktherapie mehr in Anspruch nahmen, verschlechterte sich Erikas Zustand zunehmend. In unserer Patientenverfügung hatten wir eine Hospizbetreuung vereinbart und unser Hausarzt empfahl uns die Überführung dorthin. „Nein", widersprach ich, „ich gebe meine Frau doch nicht schon jetzt ab. Sie lacht, isst, genießt ihren Espresso …" Wenn ich sie streichelte und wir uns küssten, leuchteten ihre Augen. Ich baute am Haus eine Rampe und fuhr sie zu ihrer geliebten Brücke. Unser katholischer Pfarrer vom Ort kam regelmäßig und veranstaltete im Krankenzimmer kleine Eucharistiefeiern. Das machte Erika besonders glücklich und zufrieden.

In der Zwischenzeit nahm ich ziemlich stark ab, und der Arzt meinte: „Jetzt müssen wir irgendetwas machen, sonst gehen Sie noch vor Ihrer Frau." Mein ganzer Körper hatte sich aufgebäumt. Im Magen, in den Gedärmen, innen drin hat es gebrodelt. In den Nächten bin ich daran aufgewacht, trotz Schlaf- und Beruhigungsmittel, und morgens um sechs ging der Tag wieder weiter. Das wurde einfach zu viel. Am Faschingsmontag war ich dann bereit, das Hospiz anzurufen, weil sich Erikas Symptome rasch verschlimmerten. Nun holte ich Erikas Einverständnis ein und sie stimmte zu. Geweint hat sie dabei nicht. Anderthalb Wochen war Erika noch im Hospiz und ich Tag und Nacht bei ihr. Sie hat meist geschlafen, man musste sie zum Essen und zur Pflege wecken. Das Personal freute sich, dass ich da war und mithalf.

Das Hospiz ist allein schon architektonisch sehr angenehm: Innen kommt durch die Glaskuppel viel Licht, das Mobiliar ist hell, der Pflegestandard sehr hoch, und im Verhältnis zu den „Gästen", wie die Patienten genannt werden, gibt es viele Pflegefachkräfte. Das Personal ist sehr liebenswürdig und zugänglich. Die Unterstützung war überwältigend! Alles, was man brauchte, war vorhanden. Erika konnte sogar noch ein wohltuendes Vollbad genießen, es gab ja alle notwendigen Gerätschaften, zu Hause ging das nicht mehr.

An dem letzten Abend hatte ich mein Bett wie jeden Abend im Zimmer aufgeschlagen. Später kam die Schwester und sagte zu mir: „Ihre

Frau ist jetzt auf dem Weg." Wie in Trance schrieb ich meinen Kindern, dass sie kommen sollten, wenn sie sich noch von ihrer Mutter verabschieden wollen. Erikas Atmung rasselte schon seit zwei Tagen. Kurz bevor ich ins Bett gehen wollte, sagte ich zu ihr: „Ich muss noch schnell auf die Toilette!", und als ich zurückkam, atmete sie nicht mehr. Sie war für immer friedlich eingeschlafen. Auch ich empfand plötzlich einen tiefen inneren Frieden und rief die Schwester. Nach unserem Scheidegebet legte ich mich ins Beistellbett neben meiner toten Frau. Ich redete noch einige Zeit mit ihr, hielt ihre Hand, betete und schlief dann irgendwann ruhig ein.

Am nächsten Vormittag ging das ganze Prozedere los, und es gab nur wenige Momente, die Trauer aufzunehmen und damit umzugehen. Die Tage danach machte ich mir oft Vorwürfe und dachte: „Du kümmerst dich die ganze Zeit um diese Dinge, aber wo ist denn deine Trauer?!" Die kommt nachts und am Abend, wenn man allein dasitzt. Es gibt ein schönes Porträtfoto von meiner Frau, mit dem ich oft spreche, wenn ich frühstücke. Ich brauche noch den Dialog mit ihr. Für mich liegt sie nicht nur auf dem Friedhof, da ist die Gedenkstätte und nur ihre äußere Hülle. Der Mensch lebt noch an den Orten weiter, wo er glücklich war. Da wir uns so gut verstanden haben, ist sie so auch bei mir. Körperlich ist sie zwar nicht mehr da, aber ich glaube an eine göttliche Fügung und an eine Energie, die uns zusammengebracht hat und in der wir verbunden bleiben.

Durch den Kontakt zum Palliativnetzwerk habe ich vom Trauercafé erfahren; dort gehe ich nun regelmäßig hin. Ich bin ein kommunikativer Mensch und brauche Kontakt und Gespräche. Ich fand es gut, dass hier jeder seine Erfahrungen einbringen und ich auch meine weitergeben konnte. Ich wollte wieder den Bezug zu anderen Menschen finden und über meine Gefühle sprechen können. Es geht natürlich nicht mit jedem gleich gut, aber mit manchen aus der Gruppe gehe ich nach dem offiziellen Termin in ein Lokal. Hier gehen die Gespräche noch mehr ins private Leben. Die Treffen haben mir wieder eine neue Perspektive eröffnet, denn nach Erikas Tod hatte ich das Gefühl, völlig abgeschnitten zu sein. Ich habe auch wieder das Singen im Chor aufgenommen, das hatte ich ruhen lassen, solange es Erika schlecht ging.

Mit der Nachbarschaft ist es so, dass, wenn ich nicht andere ansprechen würde, ich meist allein wäre. Über ein „Guten Morgen" hinaus geht es kaum einmal. Deshalb dachte ich, ich gehe den offensiven Weg und lade den einen und anderen Nachbarn ein. Mit manchen geht es seither auch besser. Aber es musste von mir ausgehen. Natürlich hatten wir auch einen kleinen Bekanntenkreis, der mich in meiner Situation unterstützte und weiterhalf. Erika und ich waren immer sehr familienorientiert und weniger nach außen. Im Nachhinein sehe ich, dass es zum Nachteil war, dass wir uns auf unsere „Familieninsel" fixiert hatten und keinen größeren Freundeskreis aufgebaut haben.

Mir tut es weh, dass ich den Kontakten hinterherrennen muss. Viel lieber würde ich die Erfahrung machen, dass jemand auf *mich* zukommt. Ich habe den Eindruck, dass viele Angst haben nachzufragen, denn eigentlich wollen sie nicht wissen, wie es mir geht. Sie wollen mit dem Thema nicht konfrontiert werden, nicht über ihr eigenes Leben und den Tod nachdenken. Unsere Gesellschaft ist im Hier und Heute, man will Spaß haben und in Ruhe gelassen werden.

Erika und ich hatten eine starke intime Beziehung. Das Schlimmste ist für mich eigentlich, keine Berührungen mehr zu haben. Jemanden in den Arm nehmen, jemanden streicheln, kuscheln ... Das ist essenziell für mich. Den Umgang mit der Situation jetzt muss ich mir mühsam erarbeiten. Erika und ich haben schon früher darüber gesprochen, wie wir damit umgehen wollen, wenn einer von uns beiden früher geht. Sie hat damals gesagt: „Über meine Schwelle kommt kein anderer Mann mehr. Du warst so gut, es kommt nichts Besseres nach." Mir gab sie aber den Segen, sollte ich noch jemanden brauchen und finden.

Ich würde eine offene Beziehung anstreben, denn ich finde es gut, wenn sich jeder in seine gewohnte Umgebung zurückziehen kann, wenn er seine Ruhe will und braucht. Als ich das Thema im Trauercafé ansprach, habe ich gleich gemerkt, dass die meisten Frauen Angst haben, wieder eine Liebesbeziehung zuzulassen. Das kann ich auch verstehen, denn ich glaube, dass eine Frau verwundbarer ist als ein Mann. Sie denkt sich vielleicht eher: „Er braucht mich hauptsächlich als Haushaltshilfe und in sexueller Hinsicht.“ Mit dem Thema gehe ich eigentlich ganz offen um, aber ich sehe, dass das bei anderen gewöhnlich nicht so ist. Für viele ist Intimität und Sexualität im Alter ein Tabuthema.

Es gibt die Statistik, dass Männer täglich weniger als zehn Minuten mit ihren Partnerinnen reden. Ich finde es wichtig, dass man möglichst frühzeitig damit beginnt, und zwar ohne Tabuthemen! Das muss man üben. Im Sterbeprozess kann man dann auch eher über Dinge sprechen, die den Partner oder andere verletzt haben. Jeder Mensch zieht eine dunkle Seite mit sich. Meine Frau wollte zum Schluss auch noch etwas loswerden, bei dem ich sagte: „Warum trägst du das schon so lange mit dir herum? Ich kann dir das verzeihen, das ist doch kein Problem.“ Einschlägige Frauenzeitschriften raten eher dazu, Geheimnisse zu behalten, damit es in der Beziehung keinen Ärger gibt. Aber auf dem Sterbebett will man es vielleicht doch noch loswerden. Obwohl ich überzeugter Katholik bin, bin ich der Meinung, dass ein Pfarrer keinem die wirkliche Absolution geben kann, der im Sterbebett beichtet. Der Einzige, der das kann, ist derjenige, der verletzt oder auch hintergangen wurde. Bei *dem* muss man sich entschuldigen und die Absolution einholen. Natürlich kann es für den Sterbenden schon eine Erleichterung sein, Belastendes einem Nahestehenden zu erzählen, Verzeihung kann dieser aber nicht geben, nur Beistand!

In einer Fernsehsendung wurde berichtet, dass ein Initiator eine Plattform im Internet entwickelt hat, die schon in verschiedenen Großstädten angewendet und gut angenommen wird. Mit ihr können Menschen in der näheren Umgebung in Kontakt kommen, indem man zum Beispiel ankündigt: „Ich möchte gern Karten spielen“ oder „Ich habe eine Bohrmaschine zum Ausleihen“. Dadurch trifft man automatisch auf neue Leute. Ich wünsche mir auch, dass manchmal jemand mit mir zusammen isst, zusammen spielt, wir uns gegenseitig aushelfen. Dass sich eine Gemeinschaft bilden kann, in der sich Zuneigung und Gefühle entwickeln. Das würde helfen, das Alleinsein zu Hause auszuhalten. Denn es ist nun einmal so: Wenn der Partner verstirbt, muss der andere irgendwie ohne ihn weiterleben.

SICH AM SCHOPF PACKEN UND ETWAS UNTERNEHMEN

Frau K., 72 Jahre alt, zwei Kinder; ihr Ehemann, mit dem sie 46 Jahre verheiratet war, ist vor sechs Jahren an einer Lungenembolie verstorben. Frau K. begann während der Erkrankung ihres Mannes mit dem Tagebuch-Schreiben. Lesen, Musik, Sport, viele Gespräche und ihre ehrenamtliche Tätigkeit in einem Gartenverein helfen ihr in der Trauerbewältigung.

Mein Mann ist vor sechs Jahren nach sehr langer Krankheit verstorben. Es ging los mit Rheuma, das er von seiner Mutter vererbt bekam; das geht immer gegengeschlechtlich vor sich. Die Gelenksrheumaerkrankung hat sich auf die inneren Organe niedergeschlagen, vor allem auf die Lunge. Es fanden zwei große Operationen statt, bei denen man einen Teil der Lunge entfernen musste. Er musste mit Sauerstoff versorgt werden, und nachdem ich ihn am Karfreitag in die Klinik einweisen ließ, verstarb er am Ostermontag 2013 an einer Lungenembolie. Seine schlimmste Sorge war immer, dass er erstickt. Das blieb ihm erspart. Darüber bin ich sehr froh und dankbar.

Mein Mann war im Beruf sehr ehrgeizig und als Bezirksdirektor viel unterwegs. Durch sein berufliches Engagement haben wir wenig gemeinsame Zeit gehabt. Ich musste mich um unsere beiden Kinder kümmern, habe aber auch bei einem Steuerberater gearbeitet. Dass mein Mann ein sehr selbstbewusster Mensch war, hat mir, so sehe ich es im Nachhinein, persönlich sehr viel gebracht. Seit sechs Jahren lebe ich allein, aber ich kann mich gut durchsetzen; ich denke, ich habe seine zupackende Art übernommen. Früher war ich sehr ruhig und bin ungern auf Menschen zugegangen, das habe ich immer meinem Mann überlassen. Aber im Laufe der Jahre hat sich das bei mir geändert. Das brachte allerdings auch Reibungspunkte mit sich, weil ich dann irgendwann sagte: „Ich muss mir ja auch nicht alles gefallen lassen!“

Durch seine Erkrankung ist er schon mit 58 Jahren früh verrentet worden. Auch ich habe dann mit dem Arbeiten aufgehört, um ihm zur Seite zu stehen. Nachdem ich jahrzehntelang nicht Auto gefahren bin, musste ich ihn chauffieren, was mir langfristig zugutekam; ich bin dadurch selbstbewusster und selbständiger geworden.

Vor zehn Jahren habe ich durch einen Zeitungsartikel einen Aufruf von der Musikschule gelesen, der sich an Interessierte ab fünfzig richtete. So bin ich wieder zur Musik gekommen. Über die Musikschule habe ich neue Freunde kennengelernt, mit denen ich jetzt Reisen unternehme. Das gibt mir sehr viel.

Mein Mann ist mit der Erkrankung, durch die er immer Schmerzen hatte, milder geworden, er wusste meine Rundum-Versorgung zu schätzen. Abends habe ich oft Akkordeon gespielt und dabei ist er meistens eingeschlafen. Das hat ihn wohl beruhigt. In den ganzen Jahren habe ich Tagebuch geführt. Wenn dabei Tränen geflossen sind, habe ich weitergeschrieben und dann war es gut. Das war mein Ventil. Innen drin hat sich dann immer etwas gelöst, sodass ich besser mit dem Alltag umgehen konnte. Seit einem halben Jahr schreibe ich allerdings nicht mehr Tagebuch, vielleicht weil ich nicht mehr den inneren Druck habe. Dafür regelmäßig Reiseberichte, wenn ich unterwegs bin.

Meine Erfahrung mit anderen Menschen ist, wenn viel gejammert wird, dann mag man das irgendwann nicht mehr hören. Das wird für die Umwelt zur Belastung. Die Menschen wollen auch irgendwann wieder zu ihrem normalen Alltag übergehen.

Die Medikamente häuften sich dermaßen an, dass mein Mann inwendig wahrscheinlich völlig vergiftet war. Trotzdem wollten wir nicht wahrhaben, dass es zu Ende geht. Das Sterben kam dann schließlich doch überraschend. Im Grunde war es eine längere Abschiedsphase, da klar war, dass der Tod in absehbarer Zeit eintreten würde. Natürlich wusste ich, dass es irgendwann passieren wird, aber nicht in diesem kurzen Zeitraum der drei Tage, die er über Ostern in der Klinik lag. Tröstlich fand ich, dass er nicht vom Schmerz gezeichnet war, als ich ihn aufgebahrt sah, bevor er eingeäschert wurde. Sein Gesicht wirkte ruhig.

Er wollte nicht im Sarg liegen und auch nicht in einem Urnengrab, sondern in einer Stele. Darüber haben wir uns vorher unterhalten. Die Hausärztin hat mich gut aufgefangen, sie gab mir Tabletten, damit ich besser schlafen konnte. Durch das viele Aufstehen in der Nacht, wenn er Schmerzen hatte, war mein Schlafrhythmus völlig durcheinander. Es hat drei, vier Jahre gebraucht, bis ich endlich wieder fünf Stunden am Stück schlafen konnte. Der Tiefschlaf war lange Zeit weg. Seither hat sich auch mein Immunsystem stabilisiert.

Nach seinem Tod war ich froh, dass ich morgens immer aus dem Haus gehen und für meinen Enkelsohn kochen konnte, wenn meine Tochter zur Arbeit ging. Ich mochte nicht zu Hause bleiben und diese Umgebung vor Augen haben. Auch meine Nachbarschaft half mir weiter – und tut das noch immer. Am Anfang wurde ich auch oft zu Veranstaltungen eingeladen. Aber ich gehe nicht gern mit Paaren zu Tanzveranstaltungen. Einmal nahm ich mein eigenes Auto und parkte es in der Nähe der Halle, damit ich unabhängig gehen konnte, wenn ich keine Lust mehr haben sollte. Zunächst bedrückte mich der Gedanke: „Mit meinem Mann kann ich nicht mehr tanzen. Er ist nicht mehr da." Aber dann wurde es so ein toller Abend! Mit den Frauen, deren Männer irgendwann nicht mehr tanzen wollten, ging ich auf die Tanzfläche, und wir bewegten uns frei. Andere kamen hinzu. Eifersucht von anderen Frauen, weil ich jetzt allein bin und vielleicht auf ihre Männer aus wäre, kenne ich nicht. Ich gebe auch den Männern keinen Grund, etwas falsch zu verstehen. Wir Musiker umarmen uns beim Grüß-Gott-Sagen, egal ob Frau oder Mann, das gehört dazu.

Sonntags treffe ich mich immer mit Kameradinnen, die teilweise Singles und teilweise verwitwet sind.

Nun ist mein Mann seit sechs Jahren verstorben, und ich würde sagen, erst ab diesem Jahr ist es für mich leichter geworden. Zu Beginn musste ich sogar zweimal am Tag zum Grab gehen, das war wie ein Zwang. Mittlerweile verspüre ich nicht mehr den Druck dazu, gehe aber trotzdem noch sehr oft hin. Dann schaue ich nach den Blumen, spreche ein Gebet, und dann geht es mir besser. Wenn etwas Besonderes war, ich mich zum Beispiel über jemanden geärgert habe, dann erzähle ich es ihm.

Größere Reisen konnten wir wegen seiner Krankheit schon lange nicht mehr machen. Letztes Jahr war ich mit verschiedenen Kameradinnen drei Wochen in Portugal und dieses Jahr wollen wir nach Namibia fliegen. Ich genieße das Leben. Dass allerdings am Abend niemand da ist, dem ich von den Erlebnissen berichten kann – das fehlt.

Auch mein Obstbau- und Gartenverein (OGV) hat mich aufgefangen. Schon seit 19 Jahren bin ich dabei. Jeden Mittwoch arbeiten wir in der großen Außenanlage; in der Zeit, als mein Mann schon krank war, tat es gut, zwischendrin für zwei Stunden rauszukommen und in der Natur zu sein. Ich hatte immer Leute, mit denen ich über die Trauer reden konnte, auch mit guten Freunden.

Mein Mann hat vor der Krankheit gern geangelt. Sonntagmorgens hat er manchmal gesagt: „Ich gehe zum Weiher und komme dann zum Frühstück wieder." Das war sein Ausgleich zum Berufsleben, in der Natur konnte er entspannen. Wir hatten beide unsere Hobbys und mussten nicht alles zusammen machen, das haben wir uns gegenseitig gegönnt. Und hinterher hatte man etwas zu reden, das war auch wichtig.

Mittlerweile mache ich aus gesundheitlichen Gründen von montags bis freitags täglich anderthalb Stunden Sport. Dreimal gehe ich schon seit Jahren mit meinen Kameradinnen walken und zweimal ins Fitnessstudio. Es ist mir recht, wenn ich in der Früh aus dem Haus komme, denn morgens daheim sein ist für mich ein Graus. Da fühle ich mich einsam. Mittags ist das anders; wenn das Wetter gut ist, dann gehe ich in meinen Garten, treffe mich mit meiner Tochter oder gehe einkaufen ... Das soziale Umfeld sollte man sich auf jeden Fall schon vor der Erkrankung des Partners aufbauen, sonst fällt man in ein noch größeres Loch. Man sollte auch nicht erst, wenn man in Rente geht, Freunde und Hobbys suchen. Meine Freundschaften haben sich schon vor vielen Jahren entwickelt, unabhängig von meinem Mann und nicht erst, als er krank wurde. Ich denke, dass es dann, wenn der Partner verstorben ist, besonders schwierig sein könnte, neue Bekanntschaften zu machen, da man erst einmal seinen eigenen Schmerz verkraften muss. In der Zeit hat man genug mit sich selbst zu tun. Und dann noch neue Freundschaften suchen – das schafft man nicht!

Ab 1999, als die Krankheit ausbrach, fing ich an, mir den Kummer von der Seele zu schreiben, aber auch die positiven Dinge, die ich erlebt habe.

Nach seinem Tod habe ich viel mit meiner Tochter gesprochen und mit einer Schwägerin telefoniere ich bis heute täglich. Sie braucht das auch. Man muss mit dem Schmerz erst einmal klarkommen: reden, vielleicht sogar Medikamente, um schlafen zu können, oder auch Bücher. Meine Hausärztin hat mir sogar mal abends aufs Band gesprochen, um mir den Titel eines Buches zu nennen, das sie mir empfehlen wollte. Das fand ich sehr nett und fürsorglich. Abends habe ich im Bett kleine Trauerbüchlein mit tröstlichen Sprüchen und Geschichten gelesen, das war auch eine Hilfe. Schreiben, Lesen, Musik, Gespräche – und Freunde, die man schon im Vorfeld hatte. Ein soziales Umfeld ist wichtig und natürlich ist es auch hilfreich, wenn die Familie in der Nähe wohnt; dabei sollte man akzeptieren, dass die Kinder ihr eigenes Leben führen und an den Wochenenden auch Zeit für sich haben wollen. Man kann ihnen sonntags nicht dauernd auf die Pelle rücken, deshalb habe ich meine sechs Sonntagskameradinnen. Um ungefähr zwölf starten wir immer einen Rundruf: „Was machen wir heute? Gibt's irgendwo eine Bilderausstellung?" Hinterher trinken wir noch einen Kaffee zusammen. So ist der Sonntagnachmittag gerettet.

Man sollte akzeptieren, dass die Trauerzeit bei jedem unterschiedlich lange andauert. Heute, nach sechs Jahren, kann ich den Todestag gut überstehen; dieses Jahr habe ich einen Besuch im Blumencenter gemacht, wo auch mein Mann bis zum Schluss gern war. Das sind tröstliche Erinnerungen. Neulich habe ich das Bedürfnis gehabt, mal wieder seine Stimme zu hören. Er hat vor allem, als die Enkelkinder klein waren, mit der Kamera gefilmt und CDs gebrannt. Ich habe mir eine geholt und angehört – und war so froh, seine Stimme mal wieder zu hören. Im Ehebett konnte ich ein ganzes Jahr lang nicht schlafen. Ich bekam irgendwann eine Schlafcouch im Musikzimmer, damit ich nicht immer von ihm aufgeweckt wurde. Dort habe ich das erste Jahr nach seinem Tod weiterhin geschlafen. Aber irgendwann wollte ich es wieder im Ehebett ausprobieren – und es ging.

Ich bin keine Kirchgängerin, aber mein Glaube tröstet mich, vor allem das Beten. Irgendwo wird mein Mann sein, und dann, wenn ich etwas gut gemacht habe, denken: „Ja, das passt gut so." Ich glaube, er begleitet mich weiterhin.

Es müsste vieles stimmen, damit ich bereit wäre, mit einem neuen Partner Kompromisse zu schließen. Meine Eigenständigkeit könnte es mir vielleicht schwermachen, die Vorstellungen eines anderen vom Leben zu akzeptieren. Da müsste richtig der Blitz einschlagen! Manchmal vermisse ich es, jemanden nicht mehr in den Arm nehmen zu können oder jemanden zu küssen. Die körperliche Nähe fehlt mir. Die ist ja eigentlich lebensnotwendig. Aber ich kann sie wenigstens noch mit meinen Enkeln und Freundinnen erleben. Trotzdem tut es weh, andere zu sehen, die sich so nah sind.

Ich habe jetzt große Freiheiten und bin nicht einsam – aber manchmal fühle ich mich allein. Nachdem er verstorben war, hatte ich plötzlich wahnsinnig viel Zeit. Vorher war ich ja immer eingespannt. Lungenerkrankte Menschen wollen immer jemanden um sich herum haben, das war wie ein Klammern.

Es sind harte Jahre, in denen man sehr an sich arbeiten muss, damit man nicht in dem Loch bleibt, in das man zuerst, nach dem Tod des Partners, fällt. Es hat ein halbes Jahr gedauert, bis ich wieder musizieren konnte.

Ich habe mir die Asche meines Mannes in einen Harzstein versiegeln lassen. In den Anfängen der Trauer war es für mich ein Trost, den Stein in den Händen zu halten.

Wenn jemand kein starkes soziales Umfeld hat, sollte man versuchen, ehrenamtlich tätig zu werden. Die Schulen suchen immer händeringend Betreuung, es gibt Lesegruppen; im OGV machen wir immer ein Kinderferienprogramm, da übernehme ich die Leseecke und es gibt Bastelangebote. Hier im Ort gibt es viele Vereine. Zum Beispiel eine Gruppierung, die sich „Mikado" nennt, in der man ältere Herrschaften betreut. Zum Doktor fahren, einkaufen gehen, kochen, bügeln oder nur mit den Leuten reden. Es gibt viele Möglichkeiten! Es gibt mir jedenfalls eine gewisse Befriedigung und man kommt aus dem Haus raus und unter Leute. Man öffnet sich wieder. Die Leute, zu denen man kommt, sind dann auch wirklich dankbar.

Egal, wie alt man ist: Man sollte sich am Schopf packen und etwas unternehmen. Denn sonst ist es nicht Stillstand, sondern Rückschritt.

ANHANG

LITERATURTIPPS DER GESPRÄCHSPARTNER/INNEN

Canacakis, Jorgos (1987): Ich sehe deine Tränen. Stuttgart: Kreuz Verlag (vergriffen, nur mehr antiquarisch erhältlich oder in Bibliotheken entlehnbar)

Ceelen, Petrus (1997): Worüber man nicht spricht. Menschen am Ende. Ostfildern: Schwabenverlag (vergriffen, nur mehr antiquarisch erhältlich oder in Bibliotheken entlehnbar)

Daiker, Angelika (2010): Es wird wieder schön, aber anders. Ein Buch für verwitwete Frauen. Ostfildern: Verlagsgemeinschaft topos plus

Daiker, Angelika, Seeberger, Anton (2004): Geh ein Wort weiter. Ein Trauerbegleiter für 365 Tage. Ostfildern: Schwabenverlag (vergriffen, nur mehr antiquarisch erhältlich oder in Bibliotheken entlehnbar)

Jakoby, Bernard (2000): Auch Du lebst ewig – die Ergebnisse der modernen Sterbeforschung. München: Langen-Müller (vergriffen, nur mehr antiquarisch erhältlich oder in Bibliotheken entlehnbar)

Kast, Verena (3. Ausgabe, 2013): Trauern. Phasen und Chancen des psychischen Prozesses. Stuttgart: Kreuz Verlag

Kübler-Ross, Elisabeth (2014): Interviews mit Sterbenden. Stuttgart: Kreuz-Verlag

Kübler-Ross, Elisabeth (2012): Über den Tod und das Leben danach. Güllesheim: Silberschnur-Verlag

Palmen, Connie (2014): Logbuch eines unbarmherzigen Jahres. Zürich: Diogenes

Paul, Chris (2013): Keine Angst vor fremden Tränen. Trauernden Freunden und Angehörigen begegnen. München: Gütersloher Verlagshaus in der Verlagsgruppe Random House GmbH

Sadkowsky, Petra (2015): Sie werden lachen, mein Mann ist tot. Ein Überlebensbuch. München: Knaus Verlag

Sax, Marjan u. a. (1993): Begraben und Vergessen? Ein Begleitbuch zu Tod, Abschied und Bestattung. Berlin: Orlanda Frauenverlag

(vergriffen, nur mehr antiquarisch erhältlich oder in Bibliotheken entlehnbar)

Schlegel-Holzmann, Uta (2017): Kein Abend mehr zu zweit – Familienstand Witwe. München: Gütersloher Verlagshaus in der Verlagsgruppe Random House GmbH

Stapferhaus, Lenzburg, Hg. (2000): Last Minute. Ein Buch zu Sterben und Tod. Baden: Hier + Jetzt, Verlag für Kultur + Geschichte (Begleitband zu einer Ausstellung im Museum für Sepulkralkultur, 2011, vergriffen, nur mehr antiquarisch erhältlich oder in Bibliotheken entlehnbar)

Strohmaier, Brenda (2019): Nur über seine Leiche. Wie ich meinen Mann verlor – und verdammt viel übers Leben lernte. München: Penguin Verlag in der Verlagsgruppe Random House

Tausch-Flammer, Daniela, Bickel, Lis (1999): Die letzten Tage. Leben und Sterben im Hospiz. Stuttgart: Kreuz Verlag (vergriffen, nur mehr antiquarisch erhältlich oder in Bibliotheken entlehnbar)

Terhorst, Eva (2018): Alleine weiterleben. Wenn der Partner stirbt: Den heilsamen Weg der Trauer finden. Freiburg: Verlag Herder

von Stülpnagel, Freya (5. Ausgabe, 2012): Ohne dich. Hilfe für Tage, an denen die Trauer besonders schmerzt. München: Kösel-Verlag

zu Salm, Christiane (2017): Weiterleben. München: Verlag Goldmann

Das Zitat von Lukas Bärfuss auf S. 5 stammt aus dem Buch „Koala“ (2014). Göttingen: Wallstein Verlag.

Auf der Homepage der Autorin unter www.christine-leutkart.de gibt es noch weitere Erfahrungsberichte zu Trauer und Expertenberichte und -interviews zu Trauerverarbeitung, Palliativarbeit, Hospiz usw.

MIX
Papier aus verantwortungsvollen Quellen
FSC® C014138

Nachhaltige Produktion ist uns ein Anliegen; wir möchten die Belastung unserer Mitwelt so gering wie möglich halten. Über unsere Druckereien garantieren wir ein hohes Maß an Umweltverträglichkeit: Wir lassen ausschließlich auf FSC®-Papieren aus verantwortungsvollen Quellen drucken, verwenden Farben auf Pflanzenölbasis und Klebestoffe ohne Lösungsmittel. Wir produzieren in Österreich und im nahen europäischen Ausland, auf Produktionen in Fernost verzichten wir ganz.

Mitglied der Verlagsgruppe „engagement"

2020

Umschlaggestaltung: stadthaus 38, Innsbruck
Layout und digitale Gestaltung: Tyrolia-Verlag, Innsbruck
Druck und Bindung: FINIDR, Tschechien
ISBN 978-3-7022-3863-6
E-Book: 978-3-7022-3892-6
E-Mail: buchverlag@tyrolia.at
Internet: www.tyrolia-verlag.at